归真 · 心灵家园

《人类命运：变迁与规则》评论集

浙江工商大学休闲研究中心 编

浙江工商大学出版社 | 杭州
ZHEJIANG GONGSHANG UNIVERSITY PRESS

图书在版编目（CIP）数据

归真·心灵家园：《人类命运：变迁与规则》评论
集 / 浙江工商大学休闲研究中心编 . — 杭州：浙江
工商大学出版社，2023.7

ISBN 978-7-5178-5426-5

Ⅰ.①归… Ⅱ.①浙… ②休… Ⅲ.①世界史－文化
史－研究 ②《人类命运：变迁与规则》－研究 Ⅳ.
① K103

中国国家版本馆 CIP 数据核字（2023）第 060142 号

归真·心灵家园——《人类命运：变迁与规则》评论集
GUIZHEN·XINLING JIAYUAN——《RENLEI MINGYUN:BIANQIAN YU GUIZE》PINGLUNJI

浙江工商大学休闲研究中心 编

出 品 人	郑英龙
策划编辑	郑　建
责任编辑	黄拉拉
封面设计	望宸文化
责任印制	包建辉
出版发行	浙江工商大学出版社
	（杭州市教工路 198 号　邮政编码 310012）
	（E-mail：zjgsupress@163.com）
	（网址：http://www.zjgsupress.com）
	电话：0571-88904980，88831806（传真）
排　　版	杭州浙信文化传播有限公司
印　　刷	杭州高腾印务有限公司
开　　本	710mm×1000mm　1/16
印　　张	14.5
字　　数	182 千
版 印 次	2023 年 7 月第 1 版　2023 年 7 月第 1 次印刷
书　　号	ISBN 978-7-5178-5426-5
定　　价	98.00 元

人類命运度迁与规则
一书值得一读。

王瑞璞，

2021年3月17日

科学的精髓在于破除和探索[①]

代　序

对于历史的认知总是受到现实环境的各种影响，无论是被动地接受，还是不自觉地吸收，当然，这样的一种局限本身也就是认知的必然过程。知识产权出版社在新冠病毒肆虐的庚子年里，出版了丹溪草[②]的新著《人类命运：变迁与规则》[③]。在这样特殊的时间段里完成一部反思人类发展历史、思考人类未来命运的书稿写作，的确恰逢其时。

从这册书的内容能够看出，作者感知到同时代人们的忧虑和不安。当下整个人类处于一个大变局的关键阶段，面对诸多现实存在又难以解读的状态和现象，积压了不少迷茫和困惑。与新冠疫情的较量还没能看到结果，气候急剧变暖的问题又迫在眉睫，人类的确需要"静心反思，静心观察外部世界，静心观照自己的灵魂"了，作者或许就是透过人类命运的历史、

---

① 原文刊发于《中国教育报》2021 年 7 月 14 日第 7 版。

② 丹溪草，原名朱红，祖籍浙江义乌，浙江工商大学休闲研究中心执行主任，著有《人类命运：变迁与规则》《青葱季的 90 封书信》等。

③ 为方便读者阅读，后文中统一简写为《人类命运》。

现实与未来这一线索，照鉴了人类本质上的孱弱与渺小。

作者由"社会动物"蜜蜂、蚂蚁起笔，意味深长地描述了"人类迁徙之谜"；再通过"部落文明""父权文明""王权文明"和"资本文明"四个部分，架构了人类社会的发展轨迹；最后，以"理想秩序追梦"的名义，向站在新十字路口的人类提出警醒和忠告。书中认为人类正面对贫困危机、自然环境容量危机、人类文明自毁危机和人类综合焦虑危机四大共同敌人。面对这四大共同敌人的挑战，人类应该有所选择。作者虽然没有提出切实有效的对策和措施，却呼吁"人类的明天是不是美好，人类命运何去何从，取决于人类自己能不能彻底冲破局限性，更加多维地思考和认知，更为完整地评估和反思，更加谨慎地求证和行动，只有放慢脚步才可能真实有意义地踩稳每一步"。

费尔巴哈曾经这样述说人与自然的密切关系："人所依靠并且他自己感觉到依靠的那个东西，本来不是别的东西，就是自然。"这话不难理解。本书作者也提出："人类是社会动物，人性最终会告诉我们，人生最悲哀和痛苦的莫过于无聊和孤独。"然而，现实中的人类是不是已经整体陷入了"孤独"？看今天人类的情绪表现，焦虑不安、失去自我、判断力下降、思维能力减弱等，同时引起人类内部整体在分裂与撕裂、相互对抗。这的确是值得思考的现实问题。

本书还着眼"规则"畅谈人类命运，借东方文化儒家传承来诠释：克己和温柔是快乐、幸福的纽带。抛弃那种一方面把所有的社会基本服务视为理所当然，另一方面又把不承担社会基本责任也视作理所当然的虚幻梦想。尊重自然法则，遵守人类规则，虽然大多数规则看起来离我们很远，然而，不管是否承认，它们早已潜入我们人类的生命，流淌在血液里，敬天爱人，守规克己，秩序井然。温柔是人类所有美德的基础和综合，是一种自我约束、自我控制，无论自然天理规则，还是人情约定规则，或者是人文强制性规则，都可以融化于内心平衡。没有规矩自然难成方圆，中国人的传统"仁义礼智信，温良恭俭让"实际就是最基础的规则。

作者还认识到资本能够显现的神奇魔力，它"仿佛神龙，不显首尾悄无声息地行进，却每每掀起滚滚巨浪，推动人类历史加速度的车轮，尤其是引发工业革命后，人类把自己推进到日新月异、尘土飞扬的时代"。同时资本又"仿佛天生内存战斗基因，总是不知疲惫地获取利润，既充分展示了永不言败的创造性，也强烈表现了贪得无厌的毁灭性"。天使与魔鬼并存，资本犹如融化在人类血液里的幽灵，让人类感到进退维谷。因此，作者清醒地意识到事物的两重性，"人类走过的每一步无论说是前进还是后退，总是承受着巨大代价，任何过程中都没有免费的午餐"。工业革命和科技进步"仍然是一把锋利的双刃剑，如何谦卑、谨慎地掌握更炫美的剑舞，还需要不断探究"。作者认为人类甚至"到了必须自律的悬崖尽头"。

在呼吁和警醒的同时，作者将人类命运之道着眼于人类个体的自律与戒律，印在封面的两句话也与主题相照应，"认识到自己的渺小，这个世界一定会更美好""儿时奶奶常叮嘱：宽慢来，弗着急"。

写书思考贵在科学精神，个人的思考和可能的启智，都需要特立独行的勇气，在这本书里是可以看到作者科学情怀的。局限不可怕，科学的精髓就在破除和探索。

王瑞璞

（中共中央党校教授、博士生导师，中共中央党校校委原委员，发展中国论坛执行主席，第九届、十届全国政协委员）

目　录

人类命运挑战中的"省"与"思"[①]

马惠娣[②]

2020 年伊始，一场人与新冠病毒的殊死较量进行着，至今全球已超过一亿人被感染，数百万人被夺去了生命。人类面对这么一个可怕的"对手"，自然无奈又急躁。事实上，人类命运正被挑战。

在各种科学技术和发明到了今天程度的人类，为何还会遭此劫难？这个可怕的"对手"的出现是偶然，还是必然？此时此刻的人类当有怎样的"省"与"思"？

不少国内外有识之士从不同角度对此做出了反思，大家不约而同地意识到：人类野心过于膨胀，而傲视地球上的一切存在物。

2020 年 10 月，知识产权出版社出版了丹溪草的《人类命运》一书，作者丹溪草，原名朱红，几年前由于身体问题毅然在盛年去职。他告诉我，

---

① 原文刊发于《人民政协报》2021 年 5 月 31 日第 10 版。

② 马惠娣，中国文化艺术院休闲研究中心主任、研究员，2008 年与于光远先生合著出版《于光远马惠娣十年对话：关于休闲学研究的基本问题》。

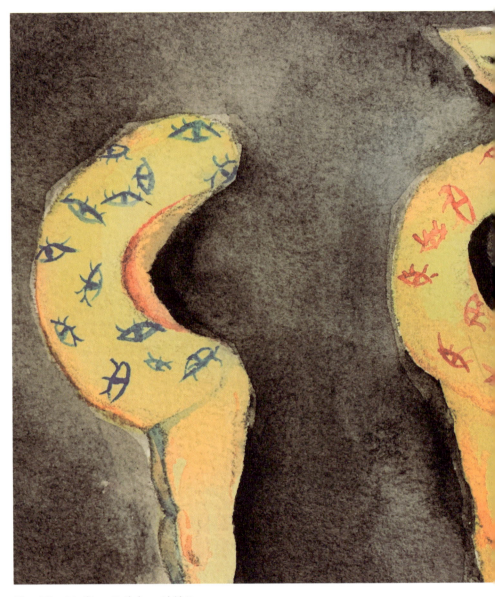

陈　愿　21岁　《对内，对外》

他是 1000 年前金华名医朱丹溪族群的后裔，自己从小长在丹溪河边；高寿百岁的奶奶常说的"宽慢来，弗着急"，对他的品性影响很大；取笔名"丹

溪草"，既是出于对先祖与家乡的敬慕，也是希望自己像草儿一样"野火烧不尽，春风吹又生"。

作者丹溪草在疫情大流行中"静心反思，静心理稿，静心观察外部世界，静心观照自己的灵魂"，透过人类命运的历史、现实与未来这一线索，照鉴了人类的孱弱与渺小。

作者长期为政府的公职人员，有着语言文学、历史学及哲学等学科背景，这些学科背景对他的职业生涯与保持理性思考发挥了重要作用。尽管，他异位于学术机构，然，政府职业生涯助他纵观与统揽事物有了更大的视野、更大的格局、更大的手笔。所以，他有底气论"人类命运"。

作者利用自己历史学背景的优势，借助对多段人类历史变迁的考证，对比各种文明遗存，探究历史疑惑，勘察人类命运轨迹，反思人与自然、人与万物、人与社会、人与人、人与金钱、人与物欲的各种关系，感知人类命运在当代的生存危机，以及未来的各种不确定。书中的历史线索关涉古今中外，纵横交错，需大量史料与文献以佐证，这展现了作者在史学与哲学上固有的功力及驾驭"全局"的能力，亦使整部书的谋篇布局呈现阔达之势。

全书有六章，其主题分别是社会动物、部落文明、父权文明、王权文明、资本文明、理想秩序追梦。作者呼唤人类突破历史和认知的局限，意识到人类文明的属性不仅体现在物质层面，更体现在精神层面；呼唤人类应以史为鉴，尊重自然，尊重本真，尊重传承。

作者告诉我们："人类是社会动物，人性最终会告诉我们，人生最悲哀和痛苦的莫过于无聊和孤独。"可是，当下人类整体陷入"孤独"，这让人类变得暴躁不安、失去自我、判断力下降、思维能力减弱等，而人类整体在分裂与撕裂。

作者将人类命运与"规则"联系在一起，并以儒家的儒雅对"规则"做了诠释："克己和温柔是快乐、幸福的纽带，人与人之间一切关系，无论爱情、友情、亲情，还是管理者和被管理者、征服者和被征服者之间克己自控，物质生活追求简约、低碳排放的生活方式，精神生活追求艺术、快乐、独立、公义，与自然界平等交流，既遵守规则又承担责任。抛弃那种一方面把所有的社会基本服务视为理所当然，另一方面又把不承担社会基本责任也视作理所当然的虚幻梦想。尊重自然法则，遵守人类规则，虽然大多数规则看起来离我们很远，然而，不管是否承认，它们早已潜入我们人类的生命，流淌在血液里，敬天爱人，守规克己，秩序井然。温柔是人类所有美德的基础和综合，是一种自我约束、自我控制，无论自然天理规则，还是人情约定规则，

陈　姝　9岁　《天空、海洋和陆地》

或者是人文强制性规则，都可以融化于内心的平衡。"①

中华民族的"仁义礼智信温良恭俭让"既是规矩，成就"礼仪之邦"，也让规矩成为可能。

"没有规矩不成方圆"，"规矩"之于个体、群体、人类命运共同体都至关重要。在作者看来，最大的"规则"当属对自然的敬畏，在自然面前保持谦卑之心，完整且不偏废地将物质与精神放置在同等重要的位置，"这是人类进化中接近规律的真实，是绝对真理。如果人类真想远离灾祸，就得在 21 世纪做出正确的选择"。面对 2020 年这场"新冠病毒大流行"，"倘若没有反思，灾难将成为人类彻底的悲剧"。这本书的核心思想也许在此！

我一边读《人类命运》，一边想起 2015 年在香港诚品书店购买的以色列学者哈拉瑞（Yuval Noah Harari）所著的《人类大历史：从野兽到扮演上帝》（*Sapiens：A Brief History of Humankind*），细细琢磨，这两本书的核心思想竟有异曲同工之妙。

哈拉瑞细数了人类从"智人"向"智神"的演进史——从帝国主义、资本主义到自由主义、消费主义，从兽欲、情欲到物欲，从兽性到人性再到神性，这种演进致使每 20 分钟世界上就有一个物种消失。他指出：人类对于成功有着不懈的追求。可是，成功往往孕育着更大的野心，而我们最新的成就也推动人类设下更大胆的目标。然而，人类的成就还传达出另一条信息：要保护人类和地球不被人类自己的力量所害。人类对于这个危机承认得很晚，而且至今努力不足。虽然总有人谈论环境污染、全球变暖、气候变化，但多数国家至今仍未严肃地做出经济或政治上的牺牲来改善这些状况……人类主宰了环境，增加了粮食产量，建造了城市和无处不达的贸易网，但是全球各种生物深受其害……人类拥有了神一般的能力，但是

---

① 丹溪草：《人类命运：变迁与规则》，知识产权出版社 2020 年版，第 299 页。

不负责任、贪得无厌。天下至险，恐怕莫此为甚。此书一经问世便引起国际学界广泛的共鸣。如同谶语，2020 年新冠病毒对人类命运发起的挑战证明了这些忧患意识的现实性。

丹溪草所著的《人类命运》另有自己的特色，他更着眼于个体的自律与戒律，他也忧虑"族群"的衰落，认为"族群"是家国的血脉、民族复兴的根基。记得多年前，他曾找我帮助他查找"族群"的史料，我们也一起讨论了"族群"对于历史文化传承的意义，对于个体成长的意义，以及对于振兴乡村文化的意义。《人类命运》始终在国与家、大与小、宏观与微观、群体与个体、历史与当代、当代与未来之间保持张力，让我们对"变迁"与"规则"有了更深切的体会。

书的封面有两句话是对主题的照应，"认识自己的渺小，这个世界一定会更美好""儿时奶奶常叮嘱：宽慢来，弗着急"，由此看出作者性情中的谦卑与恬淡，以及静中生慧的能力。这也不由得让我想起《大学》开首之句："大学之道，在明明德，在亲民，在止于至善。知止而后有定，定而后能静，静而后能安，安而后能虑，虑而后能得。"定、静、安、虑、得，大概也是人类认知行为中的"绝对真理"。

虽然我与作者丹溪草接触不多，但是他的人文情怀和士人之品给我留下了深刻的印象。透过《人类命运》一书，我看到了作者"先天下之忧而忧，后天下之乐而乐乎"的情怀与格局，欣赏到了成熟者思想品行的魅力。我对作者丹溪草说："你做了非专业人士的专业著述，探索了非学者的历史变迁路径，十分难得。"

卢睿哲 10 岁 《梦境奇缘》

赤子之心之心作①

金普森②

　　己亥冬出现的新冠病毒，在庚子年肆虐全球，疫情来得很凶。灾难是痛苦的，我们只能选择面对。迫不得已被封在家里的一些人，却也可以静心观察世界各国对疫情的应对，静心反思人类进化的前天、昨天、今天和明天。丹溪草先生就是其中一位，他把自己多年来对人类命运的研究积累精心梳理，写成一本人类发展史，不仅回眸人类的起源以来的过去，更重要的是让人们珍视现在，思考人类未来的命运。

　　庚子年末，知识产权出版社出版了丹溪草先生

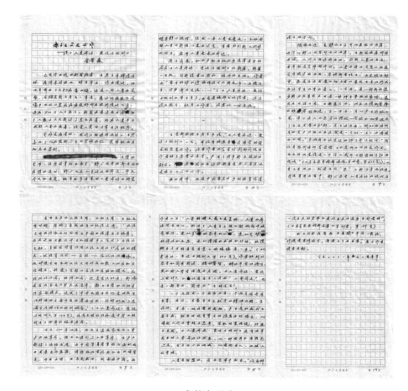

金普森手稿

的《人类命运》一书，引起读者的热议和媒体的关注。作者也"希望能够让逢缘捧书的朋友多一面镜子，多一份严肃的交流"[①]。已过90年人生依然与书为伍的我，也是逢缘捧书的读者，写点读后感言，权当与作者、读者的一份交流。

壹

王景新教授在序中说：《人类命运》一书，并没有按照当今推崇的学术规范来写作，但著述的字里行间闪现出作者独立思考的光芒，产生了许多超凡

---

① 丹溪草：《人类命运：变迁与规则》，知识产权出版社2020年版，第4页。

脱俗的新论。

余一生以读书、教书、著书为乐，恰认为这部新著是用心来写的，可谓赤子之心的心作。

我的老师，中国著名的乡村教育家金海观，在1947年为学生题词"宜为人民尽力，不失赤子之心"。这是老师的座右铭，也是老师对学生的教诲与期盼。

赤子之心，即孝心、爱心、忠心、责任心、事业心、仁爱之心、忧患之心等。作者丹溪草先生在《人类命运》的扉页上写道："谨献给亲爱的、生育了我的母亲还曾哺育过我的百岁高龄的外婆——陈亚香女士！"孝心、爱心、忠心跃然于人间。

恩格斯曾指出：

黑格尔那里，恶是历史发展的动力借以表现出来的形式。在这里有双重的意义，一方面，每一种新的进步都必然表现为对某一种神圣事物的亵渎，表现为对陈旧的、日渐衰亡的，但为习惯所崇奉的秩序的叛逆；另一方面，自从产生阶级以来，真正是人的恶劣的情欲——贪欲和权势欲成了历史发展的杠杆，关于这方面，例如封建制度和资产阶级的历史就是一个独一无二的持续的证明。[1]

恩格斯在这里还批评了费尔巴哈"就没有想到要研究道德上的恶所记的历史作用。历史对他来说是一个令人感到不愉快的可怕的领域"[2]。人类之

---

[1] 马克思、恩格斯著，中共中央马克思恩格斯列宁斯大林著作编译局编译：《马克思恩格斯选集 第4卷》，人民出版社1995年版，第233页。

[2] 同[1]。

有现在，就是在同"恶"不断斗争的结果。

面对这样的人类现状，作者感悟和思考着人类的命运危机，尤其当新冠病毒肆虐全球，而人们只能选择面对时。书中通过回顾人类的历史，就是灾难相伴的历程，阐述人类的进化实质上也是灾难赋予的功能。丹溪草在书中说他自己被疫情封在家中，思考着人类命运的坎坷历程，专注于整理以往的读书笔记，也有了足够的耐心分辨人类的过去和未来。

余在党六十七年，见证了中国近百年的历史，也专注于近现代百余年社会变迁的探究。虽说"七一"那天是躺在病床上观看了天安门前的广场大典，但激奋人心的场面还是令我心潮澎湃，尤其充满青春激情的"强国有我"的口号长久在耳旁回荡。

一生能读几多书，一生能做几多事？人来到人世间，坚守"宜为人民尽力，不失赤子之心"，在任何岗位上、任何环境下、任何时段中总可以发出光和热，回报于家国，奉献给人类。丹溪草的这部书正是体现了一个读书人应有的努力。

贰

《人类命运》是一部反思人类发展历史、思考人类未来命运的新作：作者遵循了社会文化人类学的基本规则，把研究视野置于人类自然起源至今的全部进化历程……试图从人类进化的久远历史和全球宏大场景的叙事中，解读人类命运演化历史脉络及其规则变迁的来龙去脉。[1]

余这一辈子志学治史，写过通史、区域史等，但像丹溪草这样运用多学科的所学，以及跨学科的视角来撰写人类史、直接写变迁与规则的，还是第一位。常规史书那种系统的史实叙述方式，在这本书里被"拆解"了，

---

[1]　丹溪草：《人类命运：变迁与规则》，知识产权出版社 2020 年版，序第 2 页。

丰景画　8岁　《鳄鱼拔牙》

化为说明某些人类规则和人生哲理的史料素材。然而这样的"拆解"，又是非常巧妙的，能够时时处处引导着阅读者沉浸于更深邃的思考，通篇的叙述和解说也融会贯通，一声声叩问着时下普遍迷茫的人们。

人类的故事是从社会动物开始的，关于人类认知的动物世界的进化，许多奥秘尚在探索，许多困惑尚待解答。人类起源传说有多种，比较早的文字记载是《淮南子·精神训》：二神（阴阳二神）混坐，经天营地，浊气为虫，精气为人。中国还有盘古氏开天辟地的传说：盘古氏生于天地混沌中，后天地开辟，天日高一丈，地日厚一丈，他日长一丈，如此一万八千岁，天就极高，地就极低。外国人在《圣经》中说人类的始祖是亚当：据《创世纪》记载，上帝按照自己的形象用尘土造人，取名亚当，又在亚当沉睡时，取其肋骨一条，造其妻夏娃。上帝造人的传说至今在世界流传。

对于人类起源的研究，探究"人类从哪里来"的意义是什么呢？也许是为了能够厘清"人类往哪里去"，从而把握好我们当下对现实生活的追求。[①]

丹溪草放眼自然，从蜜蜂、蚂蚁等社会动物起笔，历经部落文明、父权文明、王权文明、资本文明、理想秩序追梦，沿着历史演化，循序渐进，展现人类进化的自然规则、社会规则。书中不乏跨物种、跨学界的研究视野和宏大清晰的知识结构，旁征博引，解释归纳，合情合理。正如朋友评说的："读第一章的时候，就像小学生突然发现新大陆，不断被书中的妙语连珠和精彩见解，激起心灵的共鸣。"余也十分赞同"文思"等读者所说的，"《人类命运》写的是从前，探究的是未来；字面叙述的是史实，内里蕴含的是哲理""这是东方人写的一部新《人类简史》"。

作者对自己秉持的学术观点也毫不隐讳，坦言："这几个世纪以来，人类文明都被以欧洲为中心的思维主导，对大自然和人类自身的认识已经隔离得太远，是时候让古老的东方文明重放光彩了。"[②]

---

① 丹溪草：《人类命运：变迁与规则》，知识产权出版社 2020 年版，第 15 页。

② 丹溪草：《人类命运：变迁与规则》，知识产权出版社 2020 年版，第 300—301 页。

究源发新始终是治史者的追求。在许毅教授的带领下，自 20 世纪 80 年代初始，余专心于"近代中国外债研究"课题，倾注了 20 年心血与大家一起完成了《从百年屈辱到民族复兴》4 卷本丛书，对外债的双重性有了深刻的认识。无独有偶，《人类命运》一书中，对于资本既是天使也是魔鬼的特性阐述，也是淋漓尽致，还批评"低俗的资本依然像各种欲望的挖掘机，发明和开发各种消费，开启和引诱人们无尽头的攀比、虚荣"[①]。从这一年资本市场出现的种种乱象和国家加强资本监管的力度看，作者丹溪草特殊的历史敏感和这部书的现实意义也可见一斑。

叁

东方宗族礼法一体的皇权文明，西方与神权对立共存的皇权文明，是人类各族群经过一个较长时期的冲突融合、交流争鸣、探索磨合后做出的一种历史选择。

在中国王权文明 3000 多年的历史长河中，多数帝王也会像爱惜家一样地爱惜自己的国家，为了江山永固，励精图治，招揽天下英才服务自己的国家。中国王权文明期是很风光的，例如我国古代的科技成就，在世界重大科技成就中所占的比例，公元前 6 世纪到公元 1500 年前为 50% 以上，特别是公元 401 年到公元 1000 年为 71%。这也就是说，在公元 1500 年前的人类文明史中，中国不是相对领先而是绝对领先于世界各国，不仅使当时的中国人感到自信、自豪，也使现在的中国人感到光荣、振奋。

古老东方的氏族文明、父权文明、王权文明时期，架构了自成体系的礼法文明：礼法文明的传承足以证明华夏文明在中国的深厚历史根基，在历史的无数次冲击和碰撞中只实现了有限的交融，自始保持着传统氏族文

---

① 丹溪草：《人类命运：变迁与规则》，知识产权出版社 2020 年版，第 268 页。

明的社会组织模式，延续着氏族—宗族—家族的传承。这种漫长的农耕氏族文明形成的熟人社会和自治模式，构建了完整的宗法社会组织模式，无论政治社会、经济社会还是宗法社会，都像是宗法家庭的扩大或变异，都不自觉地比附宗法家庭模式，这成了中华民族自古以来结成生活群体的主要形式或基本形成，同样形成了充满宗法特性的规则构架。①

礼法文明的传承是中华民族早年领先于世界的根本原因。

公元 1500 年以后，西方主要国家经历了资产阶级革命，随后又进行了工业革命，生产力获得了迅猛发展；而中国背负着厚重的封建积垢，由发展走向衰落。两次鸦片战争的结局，使国人和部分统治者从自我陶醉的梦幻中惊醒。

《人类命运》的第一至第四章阐述的是人类命运的前天，第五章则写的是人类命运的昨天，揭示了资本的野心和冷酷，控诉了帝国主义的瓜分世界之争和世界大战给人类带来的灾难。人类千辛万苦、生生死死走过了百万年，却仿佛轮回到一个极其缺乏安全感的今天，人类到了必须自律的悬崖尽头。

一切历史都是当代史。出于时代的需要，人们总会不断地从历史中寻求启示，并以新的眼光重新审视历史。第六章则阐述的是从昨天到今天和明天，对现实背后的隐患进行揭示，以唤起人们的重视和思考。作者以一种超前的、有预见的眼光和心态，以"理想秩序追梦"为题，叙述了人类谋求美好的明天的种种探索，歌颂了东方醒狮的创举，向站在新十字路口的人类提出警醒和忠告，当前摆在人类面前有着贫困危机、自然环境容量危机、人类文明自毁危机和人类综合焦虑危机等四大"拦路虎"。作者认为："人类的明天是不是美好，人类的命运何去何从，取决于人类自己能不

---

① 丹溪草：《人类命运：变迁与规则》，知识产权出版社 2020 年版，第 194 页。

能彻底冲破局限性，更加多维地思考和认知，更加完整地评估和反思，更加谨慎地求证和行动，放慢脚步才可能真实有意义地踩稳每一步"。[1] 作者独到的思考和简明的阐述，以及精妙睿智、辩证平实的语言，更加给人哲学深度的启迪。《人类命运》，不仅是东方人写的"人类简史"，也是一部新颖而简明的"百科全书"。虽然，人类的命运没有标准答案，作者也不可能给出什么明确结论，更多的只是开阔人们的视野和启发思考，但在我看来，这样的努力是非常可贵的。一个民族或一个国家的每一个成员应具有自尊、自信、自豪并为之献身的精神风貌，当信仰、生存、地位受到威胁而产生危机感或不安全感时，就应对现实背后的隐患进行揭示，以唤起人们的重视与思考，采取对策措施，防患于未然。《人类命运》是丹溪草先生对人类命运的忧患，以一种超前的有预见的心态、发自内心的呐喊，以唤起国人甚至地球人的觉醒。

人类是智慧的，会在灾难中成长。"没有哪一次巨大的灾难不是以历史的进步为补偿的。"[2]

余又记起屈原在《离骚》中的一句话，"路漫漫其修远兮，吾将上下而求索"，愿与作者、读者共勉。

---

[1] 丹溪草：《人类命运：变迁与规则》，知识产权出版社 2020 年版，第 302 页。

[2] 马克思、恩格斯著，中共中央马克思恩格斯列宁斯大林著作编译局编译：《马克思恩格斯选集 第 39 卷》，人民出版社 1995 年版，第 149 页。

龚子宸　11岁　《蓝头鱼与面包》

人类思考的激情

陆　颖[1]

人类命运是一个如此宏大的议题，以至于站在微茫的人类历程之一隅的我们，谈论得小心翼翼且举步维艰。自古以来，那么多站在人类历程节点上的先智们，以通史或专门史的体例，书写着人类历史：哲学史、艺术史、文学史、语言史、时间史和人类的简史等。人类是善于思考的智性动物，西方有古希腊哲人泰勒斯仰天望星，叩问"世界的本原"；东方有屈原"向天而问"，撰写《天问》。对未知世界的探索、对自身存在的观照，一直是人类孜孜以求的命题的解答。

人类所获得的答案却又永远伴随着有限之维的认知局限，毕竟从认知科学的角度来看，人类对世界的认知根植于人类感官的诸种综合——而人类的感官是有限的。换句话说，我们通过所视、所听、所闻、所触等感官联觉所感知的世界，只能是一个人类所感的世界。也正是基于这样有边界

① 陆颖，浙江大学文学博士，硕士研究生导师，德国海德堡大学汉学系、跨文化研究中心青年访问学者。

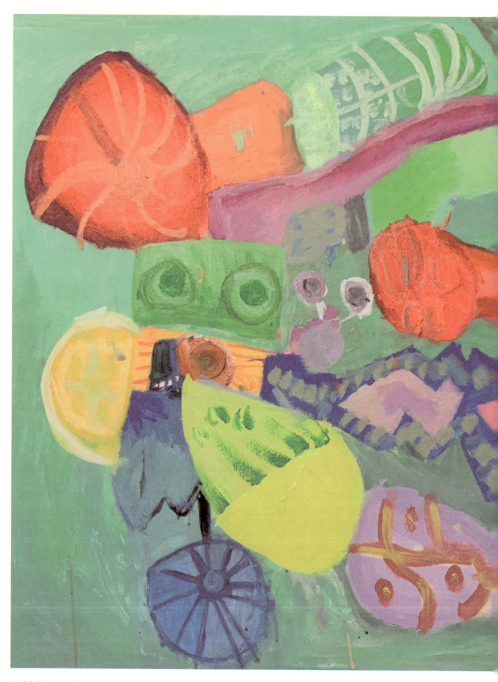

胡城煜　9岁　《怪兽是妈妈》

的讨论维度，我们才有可能去试图谈论人类的命运、变迁与规则。丹溪草先生对人类命运的探讨，正是在一个可谈论的范畴之内展开的，是从一个灵性的、智性的人的思考本能出发的。作者说，他有一天打坏了一个蚁窝，在对这种细小生物的生存结构的观察中，以小见大地开始了对整个世界和人类族群的命运思考。这纯然是出于人类思考的本能激情，出于一种随时涌动在脑海的人文情怀与意绪，出于一种自上而下的宏观思维与格局。

丹溪草先生对人类命运与历程的关注，显然是必要且恳切的。自进入 21 世纪的第三个十年，人类面临前所未有的大规模疫病的侵袭，病毒无差别地跨越国界和人种，侵蚀人类肉身的免疫体系，让人类重新思考自身在这个蓝色星球的生存定位；与此同时，由于历史遗留问题和国际形势紧张，战火在距我们并不遥远的土地上重新燃起，由此牵一发动全身，局部问题不得不置入全球性的利益话语中去谈论。

个人命运早已无法脱离他者而存在，在这个"地球村"中，正如丹溪草先生所言——"每一个物种的个体本质上总是从自身生存的需要来选择生活方式的，因此单个的人类生命体不仅是自然的生命，也是人类社会的生命，可以说完整的全人类本身才是一个大的生命共同体"[1]。《人类命运》一书正是从宏观历史的视角切入，来探讨人类命运的。这是"变迁"这一关键词的主要内容指向。

---

[1] 丹溪草：《人类命运：变迁与规则》，知识产权出版社 2020 年版，第 3 页。

全书根据人类历史的演进历程，从人类起源开始谈起，分为部落文明、父权文明、王权文明、资本文明，以及理想社会秩序的建设与摸索，自古而今、融贯东西，把时间和空间的维度建构得十分磅礴。同时，在每一个章节后面，作者还导入了相关的外延讨论和推荐书目，便于读者阅后思考讨论。行文中，作者引用了大量政治学、经济学、文化学、艺术学、生物学、考古学、语言学、人类学等交叉领域的历史论据，作为本书内容的翔实佐证。例如，从艺术通史的视角来看，作者引用了人类艺术史上公认最早的洞窟壁画、母神雕像与巨石阵等案例，说明部落文明中的艺术萌芽与生殖崇拜；在王权文明部分谈及笼罩欧洲多年的黑死病时，作者也立刻由此及彼地联想到疫病主题一直是西方文学和艺术的重要创作母题。

作者对人类命运的思考与关怀，还体现在对现状和未来的忧思，作者鉴古知今地总结了人类面临的四大危机，分别为贫困危机、自然环境容量危机、人类文明的自毁危机和人类综合焦虑的危机。这几项生存危机，都是从人类自身出发的潜在的生存危机，包含了内部与外部、物质与精神的层面。与之相应，丹溪草先生所呼吁的人类命运的规则，在笔者看来是一种下沉式的、以人为本的实践和生存规则。

"规则"生成之初，或许是人类有意或无意而为的群体规范准则，在自为或他为的规训下，反过来成了文明演进和社会组织的运行规律。作者提出，人类的命运必须遵循合理的规则导向。这种人类命运的"规则"更像是历史和文明的内在规律，如作者在文末所言——"只有具备敬畏和谦卑的探索态度，才可能更接近规律的真实"。作者在《父权文明》《王权文明》章节的思考处，借用热力学熵增定律等进行类比，总结工具化之后的规则，"在维护保护秩序的同时，也成了一部分人控制和剥夺其他人的工具"，"借助各种规则实现控制，人与人之间直接的征服和反抗也是皇权文明阶段、国家产生以后的一个明显特征"。人类命运是在这种"立"与"破"的交互、进化和退化的叠置中推进的。

丹溪草先生的《人类命运》正是人类思考激情下自省式的产物，一种关切自我和他者的沉思，一种综合了"一切的一"和"一的一切"的思考，站在有朽的个体生命之维，叩问漫长的人类历史与命运，这是颇具磅礴之气的沉思。这沉思的勇气本身，便也值得感佩。

记录人类历史的"浪花"与"泥沙"

刘吉元[1]

2019 年底暴发的新冠疫情给人类带来了巨大灾难，丹溪草老师的著作《人类命运》就是在这种背景下写的。书中许多观点渗透着作者对人类历史及未来的哲理性体悟，折射出他在疫情期间的内心体验。在《人类命运》序言中，丹溪草老师多次提到自己对"病痛""灾难"的体验，并且从这份体验出发，引出其对人类历史、人类命运的认识。他不但由自身病痛体验联想到人类历史，发出"与其说人类历史是与大自然抗争的历史，不如讲是与自己抗争的过程"的感慨，而且从疫情的发生联想到人类进化与灾难的关系，得出"人类的历史本身就是灾难相伴的历史，人类的进化实质上也是灾难赋予的动能"的结论。在《人类命运》的主体部分，作者不只一次流露出对处于灾难中的人类的同情和对文明的期盼。在丹溪草老师看来，人类生活在同一个地球上，"不论出生何处、财富多少、种族基因、文化背

---

① 刘吉元，浙江师范大学讲师。

李若曦　9岁　《梦中的鸟》

景,人类终究必须面对的是同样的世界,拥抱共同的命运"①。丹溪草老师的思考体现出"人类命运共同体"的理念,对"人类命运共同体"的理论建构起到推动作用。

根据《马克思主义大辞典》的解释,人类命运共同体是"2011年以来中国政府和领导人关于国际关系和人类社会未来的新理念",其基本内涵是"各国共处一个地球、一个世界,在追求本国利益时应兼顾他国合理关切,在谋求本国发展中要促进各国共同发展"②。人类命运共同体推崇平等、互鉴、对话、包容的新型文明观,反对文化霸权与文明偏见。《人类命运》一书受到上述文明观的影响。在《人类命运》中,作者在"跨学科、多视角地通过局部地域、典型史实梳理人类文明"的基础上,总结人类从社会动物时期到部落文明时期、父权文明时期、王权文明时期、资本文明时期的演进规律,阐述自己对人类文明及相关问题的认识。他认为,人类文明发展到今天,其"财富绝不单单是物质能够概括和代表的,人类文明更丰富的内容属于认知和精神层面;未来文明的建构应当充分认识到工业文明的局限性,道法自然,克己自控,追求简约、低碳排放的物质生活与艺术、快乐、独立、公义的精神生活"③。

在运用"人类命运共同体"理念来观照人类演进历程时,丹溪草老师在一定程度上采用了"以大观小"的方式,将自身置于"人类历史的流动画卷"之中,以"游动的视点"审视人类进程,探究变迁规则。"以大观小"原是"古典山水画家创作中,整合视觉意象、创造性想象的心理过程或心理现象。'以大观小'作为一种思维智慧,它的理论张力就是对单纯视觉感

---

① 丹溪草:《人类命运:变迁与规则》,知识产权出版社2020年版,第293页。

② 徐光春主编:《马克思主义大辞典》,崇文书局2018年版,第1201页。

③ 丹溪草:《人类命运:变迁与规则》,知识产权出版社2020年版,第301页。

官依赖性的超越"①。丹溪草老师在《人类命运》中观照历史的方式与某些古典画家作画的方式有些类似。一方面，丹溪草老师在梳理人类演进历程时，没有一味追求面面俱到的罗列与展示，而是"以大观小"，先撷取自己认为具有代表性的史实，然后将其按照人类社会进化的顺序加以排列组合；另一方面，他"征引无尽时空于自我"，将辽阔的空间、绵延的时间与人类社会的变迁结合起来进行思考，在动态中探究人类族群存在的意义。②丹溪草老师就像是一个在历史长河中随意漂流的船夫，有选择地观察并记录着人类历史的"浪花"与"泥沙"。

值得提及的一点是，《人类命运》是一部荣登"当当网"历史类书籍新书热销榜的作品，也是一部充分考虑到读者阅读习惯的著作。虽然该书的研究视野极为广博（涵盖人类自起源至今的全部进化历程），包含的地名、人名、景观名等专有名词也较多，但因为各章节内容详略得当、选取的图片数量较多、作者行文比较朴素幽默等，所以不但不会使读者感觉枯燥乏味，反而可以使他们享受到阅读的乐趣。

---

① 刘继潮：《建构古典山水画空间理论的话语体系——释"以大观小"的思维智慧》，《南京艺术学院学报（美术与设计版）》2005 年第 1 期。

② 侯颖慧等：《"以大观小"与中国画写意精神的生成》，《美术》2019 年第 8 期。

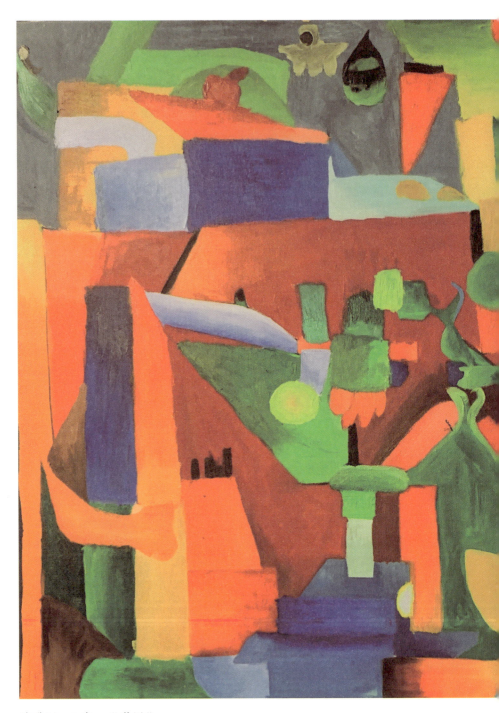

陈升远　9岁　《世界》

跨学界新视野的反思[1]

王景新[2]

知识产权出版社出版的丹溪草的《人类命运》，是一部反思人类发展历史、思考人类未来命运的著作。该书从人类演进历程的各个阶段着眼，借助对史实片段和习俗现象的细致分析，对比各方文明遗存，探究历史疑惑，探索人类命运轨迹。全书以史为鉴，尊重自然，尊重本真，尊重传承，并由此感知人类的生存危机。作者认为，要突破历史和认知的局限，需从命运共同体高度去思考人类族群的存在意义。

人类学，尤其是社会文化人类学，强调对脉络的深度检视、跨文化比较，以及对研究区域长期的、经验上的深入了解。作者遵循了社会文化人类学的基本规则，把研究

---

[1] 原文刊发于"学习强国"学习平台。

[2] 王景新，浙江师范大学教授、博士生导师。

视野置于人类自起源至今的全部进化历程，放在不同地区、不同人种中，其至放到蚂蚁、蜜蜂等社会性极强的动物群中去比较，试图解读人类命运演化历史脉络及人类规则变迁的来龙去脉。作者明言："我们只有站到了能够看到人类漫长而艰难的迁徙历程的足够高度，回首过往，才能够体会和认清人类明天应该走向何方，明白我们当下可以怎样选择、取舍。"[1] 著述的字里行间闪现出作者独立思考的光芒，以及特有的跨学界思维的把控。

作者认为，人性是进化的结果。人性的基本需要，以及与生俱来的属性可称为人性的原生属性，如对于饥饿和安全威胁的反应。这是人的天性，也是一切生命的通性。与生俱来的原真求生的本能，恰恰是人性善美的内容。

循着作者的思路，规则也是人类遵循适者生存法则演化变迁的结果。所谓规则，是相对于社会动物而言的，为协调个体、自然、社会之间，对内或对外的各类关系，以维护共同利益而形成的基本约定。人类在与大自然抗争的同时，更在与自己抗争。这种抗争的实质就是通过一定的规则约束自己、约束别人、约束人与人之间、约束人类对自然万物的探索。

人类早期文明演进中丰富的崇拜和禁忌，归纳起来就是敬畏自然和敬畏生命。原始人类为了自己和群体生命存在的需要，首先认识和遵循的规则，多是以大自然的客观规律为最直接的准绳。这些规则一部分是自然天成的自然规则，是人类适应自然环境的产物；另一部分是群体认同的族群规则，既包含自然规则，也包含人情规则，是人类在自然环境和人群环境双重影响下形成的社会规则。这类规则基本上是经验归纳、习惯生成和约定俗成。人类日积月累道法自然的规则传承，不仅是合理的，而且往往是经典的，应该得到最基本的尊重和保护。

人类过往文明的每一段，都足以引起我们的深思。要想"团结起来到

---

① 丹溪草：《人类命运：变迁与规则》，知识产权出版社 2020 年版，第 31 页。

明天"，人类必须团结面对贫困危机、自然环境容量危机、人类文明自毁危机、人类综合焦虑危机四大共同敌人。人类何去何从？每个人都应反思。

孟凡祎　6岁　《思栀蓝》

独辟蹊径，鉴往知来——读《人类命运》[1]

吴警兵[2]

从酷暑到新凉，丹溪草的《人类命运》陪我经历了一场美妙的夏日旅程。

波兰诗人切斯瓦夫·米沃什说："我们对自己行为的好或坏，往往没有意识。"这种无意识，根植于我们的内心，积重难返到如今。所以，有人说，历史是由后来人写的；也有人说，历史是任人打扮的小姑娘。在这样的说辞下，好像找到了一个台阶给自己下，就可如浮渣般随波逐流，如浮云般飘忽不定，逆来顺受的浮生就变得天经地义，甚至岁月静好。至于"我是谁？我从哪里来？要到哪里去？"这样的哲学命题，早就鲜有人问津了。

《人类命运》却抛开预设立场，揭去浮华和遮蔽，掘进至人类社会发展的内在部分，揭晓了人类命运变迁与规则的深层秘密。

本书从"社会动物"起笔，独辟蹊径，为我们提供了更有意义的"人类起源之谜"新解，并通过"部落文明""父权文明""王权文明"和"资

---

① 原文刊发于《民生周刊》2020 年第 19 期。

② 吴警兵，浙江省磐安县文联主席。

本文明"四个部分，重新架构了人类社会发展的轨迹，最后，以"理想秩序追梦"的名义，向站在新十字路口的人类提出警醒和忠告：我们正面对贫困危机、自然环境容量危机、人类文明自毁危机和人类综合焦虑危机等四大共同敌人。因此，作者认为"人类的明天是不是美好，人类命运何去何从，取决于人类自己能不能彻底冲破局限性，更加多维地思考和认知，更为完整地评估和反思，更加谨慎地求证和行动，放慢脚步才可能真实有意义地踩稳每一步"①。

"人所依靠并且他自己感觉到依靠的那个东西，本来不是别的东西，就是自然。"费尔巴哈说的人与自然的密切关系，只要用心体会，想必不难理解。但对于"人类对自己的进化过程始终有许多困惑和奥秘没有办法解答，并且是越研究越显深奥"这样的命题，犹如"生物进化史上，到底是先有'鸡'还是先有'蛋'"的问题让人无所适从。为此，作者为我们找到了一个认知的切入口——社会动物，并从研究蜜蜂、蚂蚁世界得出，社会动物这个"扎堆生活的动物种群是个有负责头领、有保障食物、有维持秩序，分工协调、合作缜密的共同体物种群。人类社会的内在组织状态也同样存在这样的肌理关系，这种肌理关系其实就是各种规则"②，从而在动物与人类之间建立起某种隐秘的内在联系，也就为作者"人类的故事是从社会动物开始的"这一判断找到了逻辑基点。

当人类步入"部落文明"，就好像驶上了单向道，快速地从奔向"父权文明"，攀上"王权文明"，演进到"资本文明"。回望历史，大有一气呵成之势。"一气之变，所适万形。"这趟文明的单向旅程，越来越光芒四射、精彩纷呈。

---

① 丹溪草：《人类命运：变迁与规则》，知识产权出版社2020年版，第302页。

② 丹溪草：《人类命运：变迁与规则》，知识产权出版社2020年版，第43页。

同时，发展带来的副作用也让人类自身越来越难以招架。比如，在如何对待原始部落的平民的问题上，作者认为："很多理想主义者忽略了一个关键性问题：一旦对他们开始救助，身份就会从'被保护的原始状态人'转变为'穷人'。而'贫穷'在这个世界上是一个更为广泛、普遍得不到良好解决的巨大问题。"①因此，"对于他们自身来说，没有外界人类面对的那些烦恼，甚至可能在拥有现代文明的人们出于各种原因抛弃地球，或遭受巨大灾难的毁灭性打击之后，他们却仍可作为人类的火种在地球上留存下来。谁又能保证诺亚方舟的故事不会再重新上演呢？"②难道"原始部落人群的生活状态，真是可以照见现在忙碌人们内心的一面镜子"？

从"部落"到"父权"的路上，"大家族集体意识转向小家庭私有意识的变化大大加速了历史进程"。在这个意义上，"作为早期人类社会规则，私有制是人类文明一大新起点"，也是"人类加速度发展的动力之源"。一方面，进入"王权文明"，奴隶成为重要的推动者，他们"就是为人类发展积蓄'第一桶金'的特殊身份群体"；另一方面，历史上"每一次侵略和掠夺战争在破坏传统文明的同时，又促进不同文明的深

---

① 丹溪草：《人类命运：变迁与规则》，知识产权出版社 2020 年版，第 61 页。

② 同①。

方曦宇　8岁　《繁衍》

度交融，把整个人类的命运捆绑得更紧密"，"人类正是这样在满足安稳和追求自由之间匆匆地行进，又傻傻地回望，寻找丢失的灵魂"。

历史悄然来到"资本文明"的门前。"人类的文明脚步仿佛事先有安排似的，东西方文明步入大航海时代的节奏几乎是踩在同一时间节点上。"在这些节点上，资本散发出了它神奇的魅力，它"仿佛神龙，不显首尾悄无声息地行进，却每每掀起滚滚巨浪，推动人类历史加速度的车轮，尤其是引发工业革命后，人类把自己推进到日新月异、尘土飞扬的时代"。然而，资本又"仿佛天生内存战斗基因，总是不知疲惫地获取利润，既充分展示了永不言败的创造性，也强烈表现了贪得无厌的毁灭性"。天使与魔鬼并存，资本犹如融化在人类血液里的幽灵，让人类进退维谷。因此，作者清醒地意识到："人类走过的每一步无论说是前进还是后退，总是承受着巨大代价，任何过程中都没有免费的午餐。"工业革命和科技进步"仍然是一把锋利的双刃剑，如何谦卑、谨慎地掌握更炫美的剑舞，还需要不断探究"，人类甚至是"到了必须自律的悬崖尽头"。

德国著名哲学家黑格尔认为，"恶"也会成为推动历史前进的力量。在这里，如果说瘟疫就是作为一种"恶"的力量在参与历史，那么今年的新冠疫情给我们造成的困境是否也是对人类的一种警告和推力？"为了理解白昼，你应该学会阅读黑夜。"叙利亚著名诗人阿多尼斯说的也许就是这个意思。

你能看到多远的过去，就能预见多远的未来。这是我读完丹溪草《人类命运》后最真切的感受。

一枚硬币的两面——读《人类命运》[1]

徐贤飞[2]

约摸是，年底将近，我最近懒散得很，一周一作业的读书笔记，也断更两周。《人类命运》是上周末读完的，本来应该一鼓作气，直接写完笔记，可我有个习惯，大凡读书有所得时，就不愿打破内心所得的妙趣，似乎写些什么或说些什么，就会让这段妙趣外泄逃走。

如此可见，丹溪草先生的这本《人类命运》，自有他的玄妙之境吧。写历史的有很多，《全球通史》《中国通史》等通史类，及"美学""建筑""绘画"等学科类的，我都有读过，但直接写规则的，我是第一次见。尽管作者在文中引用尼采的话，直言"没有真相，只有诠释"，但我认为，所诠释得颇有道理，逻辑自洽，且弥合了我之前阅读忽视的几个逻辑断链问题。

其一：人类社会为何从母系社会向父系社会变迁？作者给出的答案是：父系社会更容易繁衍。他以蚂蚁、蜜蜂这类以母系为主导的昆虫社会，与

---

① 原文刊发于半月谈网，2021-02-01。

② 徐贤飞，浙江日报社金华分社高级记者。

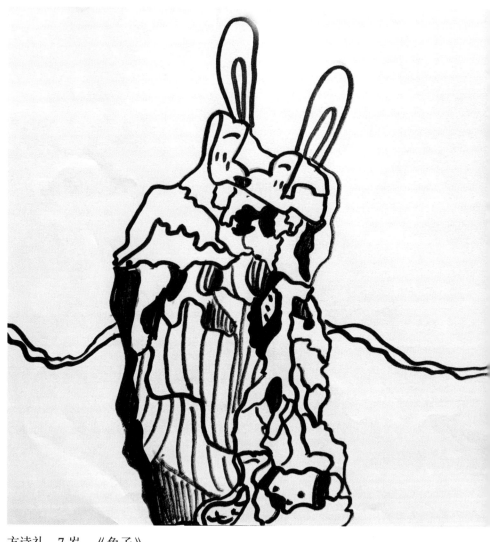

方诗礼　7岁　《兔子》

人类母系社会进行比拟，得出人类在母系社会时，生殖资源也曾被控制，现今残存于某些国家、部落的女性割礼，就是例证。女性身体所限，十月怀胎，一次生一个，"女王""女首领"控制资源时，人口繁殖不够；而父系社会则完全不同，男生占领控制生殖资源时，孩子会如蒲公英般散落各地。在互联网社会之前，人口就是生产力。西方社会家之父孔德早断言："人口即命运。"

其二：有着5000年文明的中国，为何坚定地极力固守"重农抑商"政策，真的是在破坏社会规律中形成新生产力，自毁发展之路吗？作者认为，"华夏文明的传承者不是不懂资本积累，也不是不屑资本积累，而是早就洞察了资本的本性，明了了资本积累后社会、环境、自然、观念产生的各种变化"，"国之危也"。作者极富洞察力，给出了"华夏文明有意给资本这个潘多拉的盒子上了封条"的判断。对于作者的观点，我深以为然。当资本用金钱来衡量人生成就，用金钱关系来取代亲情和爱情时，人性灵魂的扭曲，爆击的就是人分别于万物神魂之所——心灵。中国文化先知们以士农工商等级划分，尽最大的可能驯服商业资本，守住心灵。人生一世，草木一秋。传统中国在低欲望中求取，虽有所求难得，但未被物欲所驱使，保持住了心灵的自由与活力。中国文艺兴盛，可窥见一二。

其三：从原始族群中"人人为我，我为人人"的集体主义，到"人人为己，就是人人为人"的商业分工文明，是两个结果近似的闭合圈。作者认为，从这样的近似，可以得到一些领悟，许多方法和规则可以从不同的角度嵌入实现同样美好的预期。

人类社会至今，从未停止演化。由最初的人与自然的天理法则，到人与人的人情法律，忽略人与自己本身，就是在处理两则关系：人与自然，以及人与人。如果我们把他人也归入自然这个大的范畴（人本身就是自然的一个部分），那么人的命运只处于一个大规则下，即人与自然或称之为人与一切他者。如此之下，"人为他人"与"人为自己"就成了一个硬币的两面。无论我们以怎样的出发点，一旦戕害一切他者，终会造成戕害自己的尴尬局面。如今，大自然携疫情而来，以及大洋彼岸以个人自由为由不愿戴口罩造成疫情失控的人们，都说明了这枚硬币的一体两面性。丹溪草先

章嘉懿　9岁　《三足鼎立的宇宙》

生洋洋洒洒27.6万字的论述，如果非得一言以蔽之，就是生产力越发达时，越要牢记孔子说的"己所不欲，勿施于人"。因为科技越进步，破坏力越强，反噬越厉害。人类命运还与人类这个物种的基数息息相关，如今的孩子是一户家庭的奢侈品，更见其在当下的珍贵。面对越来越不确定的未来，家长不知如何培养自己的孩子，倾其一生财力、精力，养育一个孩子，一不

着调，痛不欲生。如果非要我说，不如多生几个，最起码成功的概率会高些。把鸡蛋放在一个篮子里，肯定不是好投资。当然，这是我的笑谈。

最后，感谢丹溪草先生赠书。他曾经也是我的采访对象。时过境迁，我不记得因何主题采访他，但他的观点、思维让我豁然开朗的感觉，一直印在脑海里。多年之后，他携书而来，再次开阔了我的视野，与第一次采访他的感觉如出一辙。正如丹溪草先生在书中所述，人类认知有局限性，而他本人的认知局限，才成于本书。而我已经在期待的是他的下一本专著，再次拓展我的认知，打破我的局限性。

苏锐坤　8岁　《如果恐龙还存在》

一叶访谈：丹溪草之《人类命运》

叶 杨[①]

《人类命运》，不仅是东方人写的"人类简史"，也是一部新颖而简明的"百科全书"。

——金普森

丹溪草为《人类命运》的作者，也是人类学学者、作家。丹溪草是浙江义乌人，与先祖朱丹溪颇有渊源。丹溪草为长期供职于政府的公职人员，有着语言文学、历史学及哲学等学科背景。

光明日报社《博览群书》杂志 2021 年第 9 期刊出著名历史学家金普森教授的《在新冠病毒对面》，该文章便是《人类命运》一书的读后感言。

老先生写道："己亥冬出现的新冠病毒，在庚子年肆

---

① 叶杨，资深媒体人，上海电台知名主持人。

虐全球，新冠疫情来得很凶。灾难是痛苦的，我们只能选择面对。迫不得已被封在家里的一些人，却也可以静心观察世界各国对疫情的应对，静心反思人类进化的前天、昨天、今天和明天。丹溪草先生就是其中一位，他把自己多年来对人类命运的研究积累静心梳理，写成一本人类发展史，不仅回眸人类的起源以来的过去，更重要的是让人们珍视现在，思考人类未来的命运。"①

已过 90 年人生依然与书为伍的金普森老人，自诩也是与这本《人类命运》逢缘捧书的读者，因此写了读后感言，希望与作者、读者们交流。金普森先生引用他的老师、著名乡村教育家金海观给他的题词："宜为人民尽力，不失赤子之心。"他认为"人来到人世间""在任何岗位，任何环境，任何时段都可以发出光和热，回报于家国，奉献给人类。丹溪草的这部书正是做到了一个读书人应有的努力"，这部新作"可谓赤子之心之心作"。

自 20 世纪 80 年代初始，金普森教授倾注了 20 年心血与团队一起完成了《从百年屈辱到民族复兴》四卷本丛书，对于近代中国历史的外债进行过细致研究，对债务的双重性有了深刻的认识。"无独有偶，《人类命运》一书中，对于资本既是天使也是魔鬼的特性阐述，也是淋漓尽致，还批评'低俗的资本依然像各种欲望的挖掘机，发明和开发各种消费，开启和引诱人们无尽头的攀比、虚荣'。"②从这一年资本市场出现的种种乱象和国家加强资本监管的力度看，作者丹溪草特殊的历史敏感和这部书的现实意义也可见一斑。

金老先生评价说:《人类命运：变迁与规则》，不仅是东方人写的"人类简史"，也是一部新颖而简明的"百科全书"。

---

① 金普森:《在新冠病毒对面》，《博览群书》2021 年第 9 期。

② 同①。

虞馨然　6岁　《太空小精灵》

同样赞赏这部书的王瑞璞教授，是经济学家，曾担任中共中央党校的校委委员、副教育长，他在《中国教育报》上发表了题为《科学的精髓在于破除和探索》的书评。

"从这册书的内容能够看出，作者感知到同时代人们的忧虑和不安。当下整个人类处于一个大变局的关键阶段，面对诸多现实存在又难以解读的状态和现象，积压了不少迷茫和困惑。与新冠疫情的较量还没能看到结果，气候急剧变暖的问题又迫在眉睫，人类的确需要'静心反思，静心观察外部世界，静心观照自己的灵魂'了，作者或许就是透过人类命运的历史、现实与未来这一线索，照鉴了人类本质上的孱弱与渺小。"①

写书思考贵在科学精神，个人的思考和可能的启智，都需要特立独行的勇气，在这本书里是可以看到作者的科学情怀的。局限不可怕，科学的精髓就在于破除和探索。

今年 5 月 31 日的《人民政协报》还刊登了一篇题为《人类命运挑战中的"省"与"思"》的读后感，也是对《人类命运》一书的评说，其作者是我国休闲哲学的开拓者、中国休闲文化研究中心主任马惠娣女士。

作者丹溪草将人类命运与"规则"联系在一起，并以儒家的儒雅对"规则"做了诠释："克己和温柔是快乐、幸福的纽带，人与人之间一切关系，无论爱情、友情、亲情，还是管理者与被管理者、征服者与被征服者之间克己自控，物质生活追求简约、低碳排放的生活方式，精神生活追求艺术、快乐、独立、公义，与自然界平等交流，既遵守规则又承担责任。应抛弃那种一方面把所有的社会基本服务视为理所当然，另一方面又把不承担社会基本责任也视作理所当然的虚幻梦想。尊重自然法则，遵守人类规则，虽然大多数规则看起来离我们很远，然而，不管是否承认，它们早已潜入

---

① 金普森：《在新冠病毒对面》，《博览群书》2021 年第 9 期。

我们人类的生命，流淌在血液里，敬天爱人，守规克己，秩序井然。温柔是人类所有美德的基础和综合……是一种自我约束、自我控制，无论自然天理规则，还是人情约定规则，或者是人文强制性规则，都可以融化于内心平衡。"[1]

马惠娣教授还称道作者：他的人文情怀和士人之品给她留下了深刻的印象。透过这本《人类命运》，她看到了作为个体应有的情怀与格局，欣赏到了成熟者思想品行的魅力。马惠娣教授对作者说："你做了非专业人士的专业著述；探索了非学者的历史变迁路径，十分难得。"

面对媒体和诸多大家的各种评说，《人类命运》一书的作者丹溪草认为，他的这本书之所以还值得一读，一方面是因为恰逢其时，另一方面是因为理性的力量，时代呼唤反思，人类需要理性。至于自己个人，仍然停留在非常浅显的层面在思考，但是无论是什么样的观点，都需要逻辑的、理性的思维，情绪化和冲动的危害已经是人类不能够再承受得了的。

---

[1]　丹溪草：《人类命运：变迁与规则》，知识产权出版社 2020 年版，第 299 页。

傅雯欣　9岁　《稻草人》

对话《人类命运》作者丹溪草

陈洪标[①]

人文学者丹溪草写了一部"奇书",它登上了"当当"热卖榜,这在当代学者新著中是不常见的。这部《人类命运》出版后,引起不少学者和媒体的关注。

《陈洪标文化访谈》(以下简称"文化访谈")专栏与作者丹溪草,就一些大家关注的问题,进行了对话。

文化访谈:您出生在浙江宁波慈溪,祖籍浙江义乌,是元代著名医学家朱丹溪的第19代后人,您平时对医学有所研究吗?这次写这本书,为什么以"丹溪草"署名?这和朱丹溪有什么内在的联系吗?

丹溪草:我之前对传统医学很感兴趣,但从没有系统学习过,更不敢说研究,只是在身体出现一些问题之后自然而然地有所关

① 陈洪标,《浙江传媒学院报》副主编,浙江省高校校园传媒学会常务理事,中国作家协会会员。

注。身体糟糕的年头，求医问药，包括傣医，同时也翻找一些医书自己看，朱丹溪的《格致余论》中就有"多不如少，少不如绝"等观点，感觉特别参透人生，也开始学会放下。在多年调养后，身体开始有所恢复，疼痛也随之缓和。当然，我感觉最重要的客观条件是这几年环境空气质量明显改善了。

一场病，改变一个人，这种情况在我周围也有发生过。记得有一次我去看望一个朋友，发现他生病后性情大变，变得知足常乐。

至于引发了思考一些人类命运问题，写成这本书，应该是偶然，可能和我大学学中文、后来又学过历史和哲学有关系，自古文史哲不分家。这次新冠疫情的突然暴发和在全球肆虐对我的影响也很大。

至于"丹溪草"就是微信名，如果说家乡那条小小的丹溪可以喻作历史，那么个人，最多只是小溪里的一株水草，顺流飘、随波摇，取这个笔名算是家乡情结吧。

文化访谈：历史著作有很多，比如《全球通史》《中国通史》等通史类，但直接写人类命运规则的，还真不多见，而且您之前都是在从事地方管理工作，是否对历史和哲学有过深入的研究？

丹溪草：文史哲不分家吧，我这三科都学习过，当然都学得很粗浅。各种工作经历自然也是重要的学习，所以心里特别感激这大半生遇见过的各式各样的老师，他们给了我许多帮助和思考。

去年初因为新冠疫情居家隔离期间，我有了时间和机会做文稿的最后梳理工作。

人类面对灾难时，的确需要静心反思，既然灾难已经降临在头上，只能选择从容地面对。好在人类的历史本身就是灾难相伴的历史，人类的每一步进化实质上就是灾难赋予的动能，生命体的每一次基因突变，谁说不是巨大灾难的一个记忆呢！

程之玥　8岁　《瓢虫屋》

我所写的终点就是我的反思，如果有读者感觉有趣、有益，我就觉得非常高兴了。

文化访谈：这部书从对人类进化的久远历史和全球宏大场景的叙事中，解读人类命运演化历史脉络及其规则的来龙去脉，又像一部哲学书，对人类和人生追求的意义提出了思考。您自己对这部书是怎么看的？

丹溪草：谢谢抬爱。有老师多次说，这本书"恰逢其时"。我也是这样认为的。许多人这个时候也在思考，而我恰好遇上了许多好老师、一个好时代。但有一个现实无法回避，那就是近两三百年里，人类文明历史都喜欢讲欧洲中心，这似乎都成主导了。而西方历史对大自然和人类自身的认知与东方认知差异还是很大的，特别是在一脉相承的古老文明方面，亚洲大陆有着非常特殊的地位。古话说"风水轮流转"，也是时候让古老的东方文明重放光彩了。事实上西方学者对东方传统文明的研究也是越来越多。

相较西方早期工业文明竞争扩张的粗暴发展方式，东方文明是讲究戒急守静的，我们身上流淌着的血和我们拥抱的根，是改变不了的。

现如今人类面临贫困、环境容量、文明自毁和综合焦虑四大危机。我们国家这么多人口能够克服贫穷，真是人类历史上的一大壮举。人类命运何去何从，取决于人类自己能不能彻底冲破局限性，能不能有命运共同体的包容性认知。

如果能从命运共同体的高度去思考人类族群的存在意义，一些社会问题可能就迎刃而解了，其实个人也是一样的。

文化访谈：您在书中说，"与其说人类历史是与大自然抗争

刘　越　9岁　《另一个平行宇宙》

的历史，不如讲是与自己抗争的过程，每个人认识自己和战胜自己的过程更显得复杂艰难"。您为什么会这么说呢？

丹溪草：我们人类的许多认知，的确是无法用文字和语言来表达和交流的。只有通过自己的切身体会，才能感受到其中的规则。这也是人类成长的代价。

宋　潮　12岁　《微小的世界》

儒学说"克己复礼"，一切秩序和规则，首先要自己践行和遵守，才能平和心态；都去检查别人的，心态肯定好不了。有网友说，"你能看到多远的过去，才能预见多远的未来"，其实还应该说，无论你愿不愿意，你都只能够克服或改变你自己。博大的包容性是东方文明的显著特征。

文化访谈：有网友说，看您这本书，既是洗了个冷水澡，又是吹了个热风头。心里静了，脑子也清醒了，在以后的日子里，要把生活过得更从容些，把事情做得更实在些，对身边的人和事更珍惜些。您觉得网友对您的这部书理解准确吗？

丹溪草：每个人都有自己的理解，这没有问题。其实，我们都知道应该积极地生活，但是知易行难。怎么样才能保持足够的耐心和好心态，还是由"三观"决定的。所以，本书的根本还是希望解决自我认知的问题。

文化访谈：现在网上有一个词很流行，就是因为您这本书而来的，叫"宽慢来，弗着急"。这个词还成了一个词条，上了百度百科。这个词是什么意思？

丹溪草：这是吴方言区域的一句劝慰话，意思是慢慢来、不要着急。我后来了解了，福建、广东那边也这么讲。这本书要传递给大家的就是这句话。不管遇到什么事情，都不要急，既要细细地了解，也要随缘就势。做决定、做事情，都急不得。所谓"事缓则圆"，可能就是这个道理。

我个人以为人类和个人生活都应该推崇"素简、可续"。在这部书里，我还提出，"劳动和创造""克己和温柔""独立和互助"这三个行为追求应该是人生快乐幸福的"源泉""纽带"和"基石"。

"宽慢来，弗着急"——读《人类命运》

沈文华[①]

近日，丹溪草惠赠于我他的新著《人类命运》。该书试图在人类演进历程中的各个阶段发现历史变迁的微妙规律，借助史实片段和习俗现象细致分析，对比各种遗存，探索历史疑惑，探索人类命运轨迹。全书以独特的认知，带给了人们思考未来的新视角、新感悟。

浙江大学教授王景新在序中指出：这是一部反思人类发展历史、思考人类未来命运的著作。作者遵循了社会文化人类学的基本规则，把研究视野置于人类自起源至今的全部进化历程，放在全球的不同地区、不同人种，甚至放到蚂蚁、蜜蜂等社会性极强的动物群中去比较，试图从人类进化的久远历史和全球宏大场景的叙事中，解读人类命运演化历史脉络及其规则的来龙去脉。阅读这本书，的确让人感受到"认识到自己的渺小，这个世界一定会更美好"。

梁漱溟晚年口述实录中，提出人类将面对三大问题，第一是人对物（自

---

① 沈文华，著名评论家，中国国际新闻杂志社专家智库委员会执行主席。

童启策　9 岁　《未来生物》

然）的问题，西方文明成功地改造和利用自然，已解决了此问题；第二是人对人的问题，如何彼此相安共处；第三是人对自己（生命）的问题。他认为，人类社会已到了第二阶段。梁漱溟代表了中国传统儒家的延续，他说："这个世界会好吗？"意味深长！丹溪草先生在《人类命运》的自序里，也借用了儿时奶奶的叮咛："宽慢来，弗着急。"他感觉这是关乎命运的特别重要的规则，人类社会要构筑一个和谐的生态空间，需要自我改造，急不来。

这部书的作者以史为鉴，尊重自然，尊重本真，尊重传承，由此感知人类的生存危机，并呼吁大家突破历史和认知的局限，更多地关注人类族群的存在意义。全书共有六章，分别阐述了社会动物、部落文明、父权文明、王权文明、资本文明、理想秩序追梦，计 27.6 万字。阅读该书，人类过往文明的每一段，都能够让我们的内心纠结。正如作者所言："翻看这本书的状态，宽慢来，弗着急。"

本书不仅是一部反思人类发展历史、思考人类未来命运的著作，也是一部记录人类历史与人类命运的史诗般的著作。翻阅本书时，我的脑海里跳出另一位作者——以色列作者尤瓦尔·赫拉利。他曾在《人类简史》中概述了人类的过去；在《未来简史》中讨论了生命的远期愿景；在《今日简史》中，则着眼于此时此地，聚焦于当下时事，以及人类社会近期的未来。当下，人类社会面临着科技颠覆、生态崩溃和核战争三大挑战。丹溪草的新著，就读者关心的许多热点、难点，用鲜活的语言和事例，进行了深入浅出的解疑释惑，观点准确、史料翔实，具有较强的针对性和说服力。

讨论人类社会发展史，是一个严肃的课题。关于作者所论述的观点，在阅读时，我几乎是凭着一种直觉去把握的，保持着与他有超越历史和时空的沟通。读一本书，不可能全部弄懂人类学，却可以懂得作者。最使我震撼的是作者对人类与人生难题的无比真诚的态度和他对社会所发生的事情的强烈共鸣的呼吁与反思，以及作者对自己的人生经验的唤醒。

尼采的人生哲学归纳起来有两点：一是健全的生命本能；二是超越的精神追求。因此，"宽慢来，弗着急"。阅读该书，相信读者心中会涌动着对许多人生困惑有新的人生思考的强烈愿望，而对尼采哲学也会有更好的阐释。

傅泽平　40岁　《魄》

丹溪草出书　思考健康人生与人类命运

吴越悦[①]

日前，金华学者丹溪草撰写的《人类命运》一书在各大书店公开发行，引起了不少学者和媒体的关注。这是一部跨学科、多视角地通过局部地域、典型史实梳理人类文明，反思人类历史，思考人类未来命运的著作。全书共分为六章，计 27.6 万字，包括社会动物、部落文明、父权文明、王权文明、资本文明、理想秩序追梦等。

深度思考

人类的智慧在灾难中成长

祖籍义乌的丹溪草，是朱丹溪的第 19 代后人，从事地方行政、经济、社会管理等研究实践已经 35 年。

"丹溪草"这个名字有来历，从有记忆开始，丹溪、熟溪、瓯江、婺江等水系的名字就让他备感亲切。他一直认为，相对于浩渺的宇宙空间，人

---

① 吴越悦，《金华日报》记者。

类的历史只不过是家乡那条小小的丹溪，而每个人，最多只是溪里的一株水草，故而取笔名"丹溪草"。

丹溪草说，除在校接受学历教育外，杭州大学历史专业和浙江省委党

蒋金萱　8岁　《时空怪兽》

校社会发展专业的学习，带给他许多深刻的思考。他以为人类和个人生活应该推崇"素简、可续"的理念。今年新冠疫情来得突然，居家隔离期间，他结合多年的积累，更是静下心来反思、理稿，潜心探究外面的世界，并照看自己的灵魂。他感觉在这样一场人类的灾难面前，人们更需要静心反思，既然灾难已经降临在头上，无论是天灾还是人祸，只能选择从容地面对。"好在人类的历史本身就是灾难相伴的历史，人类的进化实质上也是灾难赋予的动能，我们生命体的每一次基因突变谁说不是巨大灾难的一个记忆呢！"①

在丹溪草看来，人类的智慧更多地表现为在一次次灾难中的成长。他记得有一次去看望一个朋友，发现朋友生病后性情大变，知足常乐，觉得家人陪在身边才是最重要的。"许多认知的确是文字和语言无法交流的，需要自己的切身体会，这也是人类成长的代价。"②

在这方面，丹溪草本人也深有体会。以前工作时，他总能体会到既风风火火又按部就班的劳禄，但并没有想象中那么快乐。曾经，他的身体也出现过一些问题，经常莫名疼痛，持续了很多年。雾霾重的时候，他甚至会出现胸闷和气急，坐立难安，有种生命走到尽头的幻觉。求医问药未果后，他开始翻找医书寻解。后来，从族祖朱丹溪的《格致余论》中，他参透了人生的意义，开始学会放下，在多年静修后，身体开始由自己做主，健康意识才真正建立起来，疼痛也随之缓和。"所以，与其说人类历史是与大自然抗争的历史，不如讲是与自己抗争的过程，每个人认识自己和战胜自己的过程更显得复杂艰难。"③

---

① 丹溪草：《人类命运：变迁与规则》，知识产权出版社 2020 年版，序第 3 页。
② 丹溪草：《人类命运：变迁与规则》，知识产权出版社 2020 年版，序第 4 页。
③ 同①。

专家点评

"跨学界新视野的反思"

书中，丹溪草以史为鉴，提出尊重自然、尊重本真、尊重传承，由此感知人类的生存危机，并呼吁大家突破历史和认知的局限，更多地关注人类族群存在和人生追求的意义。

浙江大学教授王景新读后所书的《跨学界新视野的反思》一文被"学习强国"选用，文中他认为《人类命运》是一部反思人类发展历史、思考人类未来命运的著作。该书从人类演进历程的各个阶段着眼，借助史实片段和习俗现象的细致分析，对比各方文明遗存，探究历史疑惑，探索人类命运轨迹。全书以史为鉴，尊重自然，尊重本真，尊重传承，并由此感知人类的生存危机。作者认为要突破历史和认知的局限，需从命运共同体高度去思考人类族群的存在意义。"作者试图从人类进化的久远历史和全球宏大场景的叙事中，解读人类命运演化历史脉络及其规则的来龙去脉。读过这本书，的确让人感受到'认识到自己的渺小，这个世界一定会更美好'。"

浙江省作协会员吴警兵在人民日报社《民生周刊》杂志发表的书评——《独辟蹊径 鉴往知来》中说："你能看到多远的过去，就能预见多远的未来。这是我读完丹溪草《人类命运》后最真切的感受。"

书中，丹溪草还就读者关心的许多热点难点问题，如当下人类社会面临的科技颠覆、生态崩溃、核战争等挑战，用鲜活的语言和事例，进行解疑释惑，观点准确、史料翔实，具有较强的针对性和说服力。

网友热议

疫情下对人类共同命运的清醒理智反思

由于今年疫情的特殊性，阅读《人类命运》，很多人还有了一些特别的感悟。

网友"三千弱水"：时势造就英雄，但最后也只是一抔黄土，更何况渺小的我们。在整个历史洪流中，人类越来越需要注意合作和共赢。

网友"千里之行始于足下"：我觉得这本书的人性进化论，满足人性基本需要，与生俱来的原真求生的本能，恰恰是人性的真善美！

网友"樱桃"：新冠疫情肆虐全球，经济社会面临着新的困难，在这样的状态下反思，往往更显得清醒和理智，作者觉得无论对于个人还是对于人这个族群，这种反思都是值得的。看这本书，既是洗了个冷水澡，又是吹了个热风头。心里静了，脑子也清醒了，在以后的日子，要把生活过得更从容些，把事情做得更实在些，对身边的人和事更珍惜些。

……

前不久，在杭州的一场大学生阅读分享会上，丹溪草还介绍了自己的研究和创作体会："健康向上的读物，可以通透神智，抚慰心灵。"他认为，培育感恩和敬畏之心，是各类作品都需要倡导的。人类历史就是克服艰难困苦的历史，感恩先祖、敬畏自然、珍惜当下、克己自律是书的主旨。"只有站在足够高度，人们或许才看得到完整的某一整体；只有保持足够耐心，人们才可辨明真切的细节，才能够体会和认清人类明天应该走向何方，明白我们当下可以怎样选择、取舍。"

从人类发展的历史角度思考未来
——读《人类命运》[①]

易佳乐[②]

以史为镜，可以知兴替。历史是一面镜子，我们通过历史不仅能看到过去，还能看到未来。《人类命运》深入人类发展的历史长河，借助对史实片段和社会现象的细致分析，探索人类演进历程中的微妙规律，感知人类的生存危机和认知局限，思考人类的前途命运与未来。

作者遵循人类学的基本规则与研究方法，将研究视野置于人类自起源至今的整个发展历程。众所周知，人类是一种社会性的群居动物，单个的人类生命体不仅是自然的生命，也是人类社会的生命。在漫长的群居岁月里，原始人类经历无数生生死死，在大自然的无限滋养及无尽磨难中得以生存繁衍。其生生不息的前提在于抱团群居，在于基于本能的恰当分工与

---

① 原文刊发于《联谊报》2020 年 12 月 8 日第 4 版。

② 易佳乐，北京大学马克思学院博士后。

和谐共处。配合良好的分工和合作是人类与生俱来的生存法宝，社会动物生存的前提就是必须依靠相互合作并发挥每个群体共同的力量。英国著名历史学家汤因比曾经指出，在数量不少的原始社会中，最初只有很少几个地区的文明能够脱颖而出，并启动了各自的发展进程。他列举了六个例子，即非洲的古代埃及、西亚的苏美尔、地中海的米诺斯、北美洲的玛雅、南美洲安第斯及东亚的古代中国。回首历史，中国的华夏文明是唯一保存活力的古老民族，而其他几个都早已湮没在历史的长河之中。作者认为，从人类历史整体来看，华夏文明之所以能守住人类历史上第一代文明的仅存硕果，得益于其依存的空间地域辽阔，而且规模巨大、人口众多，形成了一个超级体量的聚居部落。正是基于此，华夏文明才能够在较短的时间内形成部落联盟，进而抵抗住无处不在的外族入侵和时常出现的天灾人祸。

随着社会生产力的提高、社会分工的发展和阶层的进一步分化，人类社会结构不断丰富和复杂化，原始人类既有的社会规则已经越来越难以适应社会现状。在这种背景下，承担起调节管理功能的国家产生了。对于国家的出现，作者认为主要有三方面的基本条件：首先，人类借助工具实现生产创造能力的提升，使社会生产力得以发展；其次，父系文明带来人口的不断聚居；最后，不同族群部落间的征战和妥协，促进社会阶层的出现。为了解决不断出现的新问题、新矛盾，国家需要运用新的处理方式和行为规范来维护社会秩序，即制定刚性规则，这就是法的起源。它是为了实现统治并管理国家，经过一定立法程序所颁布的一切规范。从此，法律成为人类规则的重要内容，成为维护国家机器正常运转的重要工具。

法国哲学家卢梭曾经说过，人生而自由，但无不在枷锁之中。从人类起源，我们的先人们，为生存本能地寻求依靠，追求超越。在这一过程中，人们与命运抗争可以舍弃许多自由，让渡作为个体的许多基本权利，甚至牺牲生命，这是一种顺应命运的选择，无奈地接受自然界的现实规则；同时也是心存改变现状的强烈愿望，寻求突破现存规则，改变环境，谋求建立新秩序，是一种抗争命运的选择。这样的两种选择并不是割裂的，而是交替作用、相互影响的，共同推进人类命运演进的轨迹。纵观人类发展历史，以往文明中的每一段，既可令人欢欣鼓舞，也可令人捶胸顿足。历史这面镜子不仅窥见我们的灵魂，更能让我们宁静深思。百万年人类，数万年文明，从野蛮到文明，从小族群到大部落，从列国纷争到帝国统一，从军阀割据到统一共和，合久必分，分久必合，在分分合合周而复始的脚步中艰难探索。仰望漫天星空，再扪心自问，人类已经没有更多的选择机会了，历史的各种险象环生，各种悲欢离合，各种艰难困苦，人类走过的道路从来就没有平坦过。

人类在发展进程中不断求真。人类创建的规则，起始于对自然规律的阐释，建立在人类对规律认识的基础之上，但是，这种认知往往存在局限性。面对人类未来走向何处，作者认为，当前摆在人类面前最大的四个危机，即贫困危机、自然环境容量危机、人类文明的自毁危机、人类综合焦虑的危机。为了守护人类文明，今天的人类必须坚信"从来就没有什么救世主"，唯有"团结起来才能到明天"。近几个世纪以来，人类文明都围绕着以欧洲为中心的思维在主导，对大自然和人类自身的认知已经隔得太远，是时候让古老的东方文明重放光彩了。

试与命运共进退——读《人类命运》①

杨勇权

一个读了几年小书的"80后",从秦巴山区来到沿海地区"安身立命",面对在大城市工作和生活的担子,其客观上闲心阅读的频率自然高不了。而在主观上,由于有一种不知何时患上的"完整阅读强迫症",我也坚持不轻易打开一本需要边阅读边思考的书。要知道,如果打开而不阅读到底,心里就总是装着一件半途而废的事,很不舒服。

丹溪草出版《人类命运》这本书后不久,就主动发信息说要邮赠一册给我。忆及其当局长时点拨和支持我工作的情景,我表示更希望当面请这位老领导、老大哥签赠一册给我。这不仅是为了那种小小的仪式感,更是为了亲眼看看在短短几年内就因身体情况激流勇退再著书立说的他是否安好。所幸,一切都在朝好的方向发展。他不仅身体逐渐康复,而且精神呈现出更高层次的升华。这可不是面访时的鉴定结论,而是通读《人类命运》全文后的自然发现。

---

① 原文刊发于人民论坛网,2021-07-27。

我向不同人推荐过这本书，大多数人一听书名就说："能驾驭这种宏大主题的人，确实有料。"这本书不像一般的小说或故事书，一目十行就能基本了解个七七八八。只有平心静气，带着一定的思考，才能跟随作者的思路读下去。基于人类历史发展变迁的素材，作者选择了纵横结合的方式，一方面抓住从远古到现代的历史时间轴，另一方面重新架构人类历史系统并细致剖析各个阶段的横截面，精选具有关键转折价值的标志性事件和案例，既有客观叙事，又有推理评议，脉络分明、层次清晰地展示了人类从社会动物到部落文明、父权文明、王权文明、资本文明、理想秩序的全过程。可以说，就算是一个对世界发展史一无所知的人，读完这本书也能很快对人类演进历程有一个比较全面系统的了解。当然，作者耗费几百个日夜心血的作品，必然不只是为了推出一本"人类简史读本"，更重要的是要启示读者去反思人类社会、反思自己及身边的人和事。

有学者把人类社会分工视为工业文明的产物，作者通过观察和思考蚁群、蜂群等动物群体等级森严、分工明确的运行规则，认为社会性是许多社会动物与生俱备的，并不是人类独有的。比如，抱团作为社会动物一种个体求生和族群繁衍的本能，在蜜蜂、蚂蚁身上已经表现得非常突出。人类之所以能够与普通动物拉开差距，是因为人类有更加强烈的忧患意识，即"忧患因子"，也就是缺乏安全感诱发基因突变，促使人们不断超越自我，通过不断认识和利用自然推进自我进化。值得关注的是，

黄心悦　11周岁　《火山喷发》

在原始人类生活中已经体现出原始敬畏和天理法则，世界上不少原始氏族和部落存在轮换采集作业、禁止乱砍滥伐等规定，在这方面现代人未必有原始人做得好，这恰好印证了作者所说的"人类的进化和人性的变迁有进化的一面，也有退化的一面"。

王梓伊　8岁　《小猫怪感冒了》

书中以全新的视角解读了母系文明和父系文明的形成和转化。进入原始族群和部落社会前半期，女性在现实生存中发挥的作用更明显，加上群婚生活仍是主流，子女只知其母而不知其父，形成了以母系血缘关系为纽带的母系文明。作者由此猜想，正因为女性首领要维护和巩固自己在族群中的控制地位，所以才衍生出了世界上不少部落存在的女性割礼这类极端残忍的文化习俗。然而，男女毕竟在生理上存在明显差异。伴随人类社会农业和手工业的发展，男性在族群中的劳动力优势开始凸显。作者认为，父系社会的形成与男性的人口生产力优势和子女亲缘认定需求直接相关，从而形成了家庭观念，催生了人类社会私权的原始萌芽。在王权文明时期，统治阶级和被统治阶级矛盾的潮起潮落，导致不同王朝更迭交替，这个时期的主要游戏规则似乎就是"征服与反抗"，显得比较野蛮和混乱。事实上，为了不断维护和加强自己的统治秩序，中西方的古王朝不仅会诉诸暴力，而且都具有很强的制度意识。公元前 2000 多年前，迄今为止所知的世界最早成文法典《乌尔拉姆法典》就已诞生。所谓"没有规矩则不成方圆"，作者在书中强调"文明本身就是对欲望的自律"，在人类欲望升级膨胀的今天，古代王朝的优秀治理经验，未必就不值得今人参考甚而重拾。

货币成为生产资料的交换媒介之后，资本应运而生，它以最隐蔽、最巨大的能量推动人类社会变迁。规则在维护保护秩序的同时，也成为一部分人控制和剥夺其他人的工具。以逃到小岛的威尼斯人为代表的欧洲人依靠贸易快速积累财富，创造了扩大活动范围的条件，也刺激了自身进一步探索更远世界的欲望，在数百年间先后发动多次掠夺争霸战争，扩张原始资本积累，催生一批欧洲资本强国，为工业革命提供了最有营养的土壤"。对于工业革命的利与弊，本书作者提供了足够辩证的审视。他认为，许多工业革命成功的国家，不仅饱受更加严重的环境污染，而且人际关系日益冷漠。更可憎的是，资本追求"利益最大化"的野蛮特性还曾诱发两次世界大战，给国际格局造成极大影响。对于中国传统社会为何多行"重农抑商"，作者认为，华夏文明传承者不是不懂资本积累，也不是不屑资本积累，而是早就洞察了资本的本性，明了资本积累后社会、环境、自然、观念将会产生的各种变化。而这，或许正是中华文明作为全世界古代文明中唯一不曾间断文明的重要缘由。

众所周知，近代以来，中华民族没能逃脱资本推动的侮辱和蹂躏，西方列强凭借船坚炮利登上中国土地，企图瓜分他们梦寐以求的神秘东方大国。危急时刻，太平天国、戊戌变法、义和团运动、辛亥革命等种种救国方案相继诞生，但终究无法改变积贫积弱的苦难，直到一群仁人志士接触到共产主义。恩格斯在《共产主义原理》中提出，共产主义社会将是古代氏族社会自由、平等、博爱的精神在更高物质基础上的回归，其本质就是人的自由全面的发展。如此理想秩序还不应该追求吗？1921年，有了理论武装的中国共产党诞生。百年来，无数信仰共产主义的中国共产党人抛头颅、洒热血，不仅高举共产主义旗帜，而且充分兼顾中国实际，克服千难万险走出了一条中国特色社会主义道路，走到比历史任何时期都接近中华民族伟大复兴的时代当口。这时再看看世界，比一比社会的稳定、经济的发展、疫情的防控、决策的高效、人民的幸福，以共产主义为指导的中国，展现出比任何西方国家更值得研究和分析的路径生命力和竞争力。

人类社会行进的车轮并未停歇，作者在书的末尾客观地提出："人类站在新的十字路口。"全人类共同面对着贫困危机、自然环境容量危机、人类文明自毁危机和人类综合焦虑危机。的确如此，纵览全书脉络架构，百万年人类、数万年文明，人类从抱团求生到构建部落，从母系社会到父系文明，从掠夺纷争到天下一统，以人性为基础的"生存""权力""金钱"贯穿始终，野蛮和文明相生相克，这似乎便是人类命运变迁的基本规律。

现代文明并非就比古代文明高明。正如作者所呼吁的，不管我们已经创造了多少财富，拥有了多少认知，在浩瀚的宇宙和历史面前，人类不得不正视自身的渺小和局限，不得不用联系的观点看待人类世界及人类世界存在的挑战，放慢脚下的步伐，更加敬畏生命、敬畏自然、敬畏规则。在作为读者的我看来，对于微渺如尘埃的个体则更应认识到，只有深刻理解人类整体命运变迁的规律和规则，树立正确的世界观、人生观、价值观，试与命运共进退，既要竭力而为，也要量力而行，有所为且有所不为，才能成为人生短短几十个春秋的舵手，实现自身的发展和幸福，同时也为全人类的真正进化贡献绵力。

人类文明拷问

丹溪草

人类文明究竟是什么?

人类文明进程,从原始自然状态,走过定居农业自足的阶段,并经历工业化、城市化,进入现阶段的文明状态。

在这个过程中,人们自发现工具的作用起,不断创造新工具,并借助各种工具,提升自身利用自然、改变环境的能力,不知疲惫地追逐着无尽的梦想并不断超越,同时也自觉或不自觉地接受着角色分工的不断细化。所谓分工,从某种意义讲,是指人与人之间也成了工具的关系。

人类文明自始至终表现为工具作用力和对自然资源利用的不断提高。然而,人们在享受这样一个过程的同时,无知觉中为自身创造的各种形态的工具所裹挟,平添了对各种工具的依赖甚至依附。现实中人类已经付出不小的僭越代价,人类的生存能力并没有稳定地提高,精神愉悦的获得感也普遍面临锐减危机。如果说文明是对欲望的自律,那么人类文明已经背道而驰了,其突出表现在进入工业文明之后,人类的步履不再像传统文明前期那样悠悠与从容,原先工具所带来的自主生存能力和内在愉悦体验感的提升，在这个阶段中不知不觉地出现拐点并不断消减。这种工具化倾向的出现，使得人们普遍在工具崇拜、自我崇拜中迷失自我，并且呈现出加速度的滑落趋势，造成现阶段诸多地区人们精神焦虑增多、生存成本提高、各种危机不断的状态。人类生存力蜕变趋势见图1。

图 1　人类生存力蜕变趋势

　　文明演进必然承受代价，就像进化与退化处于同一过程那样，权利和义务也是一个事物的两面。唯有遵循这样的认识，才能够实现适度永续的原则。那么我们是否应该对人类文明的走向有个理性的界定，倘若一些所谓的文明的推进，带给人类自身和我们所处的世界，不是福祉而是灾难，又该怎么办？

　　诸如"技术越先进越优，创造越丰富越好"之类的习惯性理解，更有"拯救全人类"理想化认知，这些天真的梦想其实是贪婪人类的另外一种表现。没有接受一定空间内资源的有限性的基本条件，忽视了自然世界多元互补的基本特质，而盲目增强自我能动性，其实就是在自我封闭中的膨胀思维。

　　对于我们每个人来说，善于适应和习惯各种环境当然是一种很重要的能力，特别是激发自身能动性，比如人类在成长中习惯了自然界的各种天灾和苦难，包括许多人更是习惯了人生的不公平，习惯了人性的冷漠，习惯了生活的不如意，习惯了工作的不顺心，甚至习惯了被作弄，这本身也是一种勇敢和坚强，或者是修为。

同样，人们需要清醒地认知，习惯一旦形成，也非常容易成为依赖，要纠正和改变这种习惯性的思维及习惯了的环境就极其艰难了。根据今天的心理科学认知，成为依赖的习惯是超越了大脑控制范围的认知，进入神经中枢乃至植物性神经的一种记忆。有认知心理学家甚至认为，彻底地改变习惯是不可能的事情。工具化导致的习惯自然是根深蒂固的，人们也普遍习惯了自恋与独断。尤其是习惯如果一旦被传播，为群体接受，那么这种习惯就成为文化，不仅深入人们骨髓，而且盘根错节。图2为人类生存力蜕变趋势及人类僭越代价示意图。

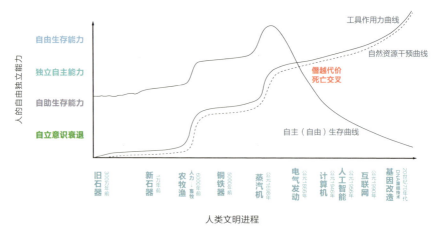

图2　人类生存力蜕变趋势及人类僭越代价示意图

可以说，人类已经拥有了一个足够大的工具箱，但是人类缺乏的恰是应用好工具的工具书。因人而异的工具书深藏于每个人的心底，没有人能够替代自己去认知、获取，打开内心光明、温暖的工具书，这恰恰成了最困难的事。仅仅依赖工具，既可能帮助大家通向天堂，也可能导致我们滑入地狱。

拷问人类文明的意义在哪里？人类经历自然原始文明、农业自给文明、工业信息文明之后，是否能够步入新的生态文明，以至永续？从对自然的各种膜拜，到如今依附工具的各种习惯养成，还能不能修正？依旧在于这样认识自己、战胜自己，从而实现人们心灵的归宿和人类社会在自然空间中的平和存在。

人们的成功经验是该总结，但更应该关注的是问题和不足。科学精神在于怀疑和突破，也包括自我批判及自我否定或对各种既成习惯的纠偏。客观地反思过往的历史，科学地自我批判，并且依然满怀热情和从容温柔地面向未来，才是冲出重围、避免重蹈覆辙的关键。

人类需掌握的终究是人类自己。视欲望的自律为文明的基石，这样的认知能否成为习惯、成为共识？

周妍汐 8岁 《海洋垃圾》

叩问人生——读丹溪草《人类命运》[1]

潘江涛[2]

壹

认识丹溪草，是在磐安任上。来婺履新后，一来二往十年间，相识相熟老朋友。要不是身体原因，丹溪草不会急流勇退。但学术界就可能少了一部沉甸甸的新著——《人类命运：规则与变迁》。

丹溪草是浙江义乌人，与先祖朱丹溪颇有渊源。在南海边休养期间，他安静内省，"逐渐发现自己的病痛应该是积累了亚健康生活方式或者遭遇不宜环境的自然表现"，没什么大不了。倒是进入数字社会的人类，面对贫穷、生态、自毁和焦虑四大危机时，该如何突破认识局限，构建和谐美好的生存空间？丹

---

① 原文刊发于《金华日报》2021 年 3 月 20 日第 4 版。

② 潘江涛，曾任中共金华市委宣传部常务副部长，现任浙江省散文协会副会长，亦为浙江省作家协会会员。

吴佩函　11 岁　《梦境宇宙》

溪草放眼自然，从蜜蜂、蚂蚁等"社会动物"开篇，顺势推出人类社会发展的部落文明、父权文明、王权文明和资本文明，并以"理想秩序追梦"收尾，将研究叙述的视野置于人类自起源至今的整个发展历程，全面展现了人类进化的自然规则、社会规则，脉络清晰、视野宏阔、观点鲜明，不少学者和媒体对此给予高度关注。

吴警兵是老家磐安的一名普通读者。他真切地说："《人类命运》揭去了浮华和遮蔽，掘进了人类社会发展的内在部分，起底了人类命运变迁与规则的深层秘密。""你能看到多远的过去，就能预见多远的未来。"

有个叫"文思"的读者则发现，《人类命运》写的是从前，探究的是未来；字面叙述的是史实，内里蕴含的是哲理。网上许多人称这是东方人写的一部新"人类简史"。

网友"樱桃"似乎说得更直白："看这本书，既像洗了个冷水澡，又是吹了个热风头。心里静了，脑子也清醒了，在以后的日子，要把生活过得更从容些，把事情做得更实在些，对身边的人和事更珍惜些。"

知名评论家、中国国际新闻杂志社专家智库委员会执行主席沈文华先生也说：《人类命运》"就读者关心的诸多热点、难点，以历史和哲学的视野，用鲜活的语言和事例，进行了深入浅出的解疑释惑，观点准确，史料翔实，具有较强的针对性和说服力"。

贰

奇文共欣赏，好书大家读。我相信，这类美言美语无不发自读者内心，是一种真情流露，已无须过多引用。我想说的是，在如潮好评中，竟少有人关注篇章之末的"章节思考"，而这恰恰是丹溪草的神来之笔，实有"点睛"之功。

"社会动物就是一群扎堆生活的动物种群吗？"此乃丹溪草的首问。从

尹承佑　7岁　《火焰和寒冰》

表面上看，丹溪草通过分析蜜蜂、蚂蚁的生活习性，告诉读者一个基本事实：即便是低等"社会动物"，也是一个"有负责头领、有保障食物、有维持秩序，分工协调、合作周慎的共同体种群"。但实际上，丹溪草想要阐述的是，人类族群在当时的动物世界中虽然"属于比较边缘的种群"，生存环境却并非现代人想象得"十分恶劣"——"诸如此类的认知往往都是我们基于现在生活环境比较下的认知"。因为原始人类思想单纯，"为了活着"而采集、捕猎、渔捕的现实生活，"应该更加无忧无虑，体能也强壮许多，甚至比现代人要快乐满足。"

随遇而安，随缘而适。"父权文明"是由"部落文明"过渡而来的。于是，一个十分敏感的话题便摆在读者面前：父系文明是男性社会，文明步伐不是衰退，反而迅速加快？"人口即命运。""随着食物的丰富，一个男性足够保障一个甚至几个人时，婚配的主导权必定倾向男性，而且男性没有孕期和哺乳的牵挂，在繁衍子嗣上就有了优势。"丹溪草进而断言："母系氏族文明的衰退，虽然和经济条件、生产力发展有必然联系，但是女性繁衍生育的先天约束应该是限制其进一步发展壮大的根本原因。"

"享得王尊，承得冠重。"父权文明虽然促进了社会进步，但打破了母系社会的平等关系，"人性开始贪婪、变异，同床异梦的状况也随之扩大"。由此引发丹溪草的第四个叩问："从人类四大早期文明发源地的现状看，为什么只留下了华夏文明？"智慧的问题可以打开读者的心扉，激起读者的思考并增进彼此间的沟通和理解。

"礼法文明的传承足以证明华夏文明在中国的深厚历史根基，在历史的无数次冲击和碰撞中只实现了有限的交融，自始保持着传统氏族文明的社会组织模式，延续着氏族—宗族—家庭的传承。这种漫长的农耕氏族文明形成的熟人社会和自治模式，构建了完整的宗法社会组织形式，无论政治社会、经济社会，还是宗教社会，都像是宗法家庭的扩大或变异，都不自觉地比附宗法家庭模式。这成了中华民族自古以来结成生活群体的主要形式或基本形式，同样形成了充满宗法特性的规则构架。"①

丹溪草自问自答，虽然没把自己的理解说得十分透彻，但让人自然而然地联想到了国家与民族的关系。他说："中华民族是世界第一大民族，祖先留给我们最宝贵的就是拥有庞大的人口血脉和民族复兴的家国情怀，这是中华文明相对独立和实现民族复兴的根基，稳固这个根基就是对人类巨大的贡献。"②

叁

"根脉文化"是先祖伏羲给我们留下的宝贵财富，要想枝繁叶茂，就得根深蒂固。这种"根叶辩证"，体现在操作性上，就是儒家心法"人心惟危，道心惟微；惟精惟一，允执厥中"（《尚书》）。而这个"中"，正是当下流行的话语——"守正创新"。因为"守正"，所以"创新"有根；因为"创新"，所以"守正"有气。

《人类命运》是一部跨学科、多视角地通过局部地域、典型史实梳理人类文明、反思人类历史、思考人类未来命运的著作，既有创新，也有局限。丹溪草自己也坦言："贸然起意写这样一本书，非专业的局限性自然非常明显，然而相信专业者的局限性也同样存在，怀揣无知的勇气，站在起点，才能有足够的勇气打破各种自以为是的局限。"③不过，浙江大学王景新教授在序中却认为，这部著作并没有完全遵循规范的学术要求来写作，阅读时也会感觉有些许随意之笔，但这些反倒恰恰使得作者有了更多发挥的天地。

---

① 丹溪草：《人类命运：变迁与规则》，知识产权出版社2020年版，第194页。
② 丹溪草：《人类命运：变迁与规则》，知识产权出版社2020年版，第303页。
③ 丹溪草：《人类命运：变迁与规则》，知识产权出版社2020年版，第4页。

习近平总书记在 2016 年召开的哲学社会科学工作座谈会上指出："一个没有发达的自然科学的国家不可能走在世界前列，一个没有繁荣的哲学社会科学的国家也不可能走在世界前列。"

是的，伟大的哲学家们无一不终其一生来提出有关人生意义、道德、真理等深奥的哲学问题。对普通人而言，虽说无须研究得如此深奥，但无论如何还是应该围绕自己所面临的种种生存困境，尽到一个社会人应尽的义务。

《人类命运》既是丹溪草的处女作，亦是专门讲给他奶奶听的心里话。接下来，他还能不能为奶奶和读者奉献其他研究成果呢？

"宽慢来，弗着急。"

郑　航　12岁　《机器人机器芯》

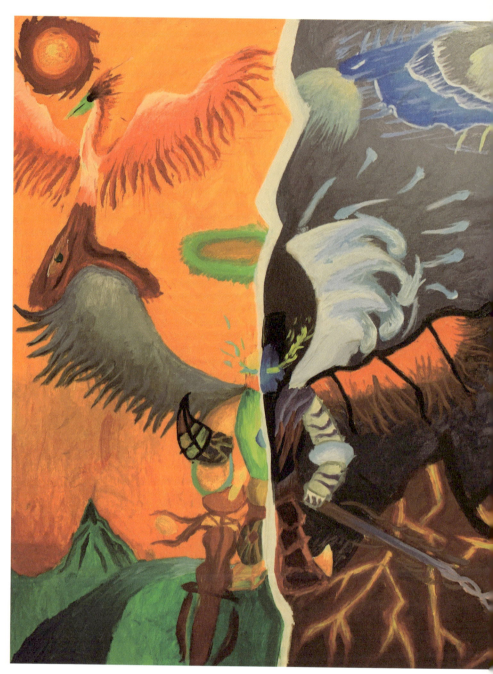

刘瀚琛　11 岁　《涅槃》

《人类命运》揭示人类命运变迁与规则的深层秘密

关关雎鸠

　　自 2019 年以来，各种灾难以前所未有的密集度接踵而来，病毒、洪涝、地震、海啸、低温冰冻等。纵观历史，人类社会每一次进化都是灾难赋予的动能，各个阶段的历史变迁都有其微妙的规律。然而，在亲历人类生存危机的时候，我们是否更需要反思呢？

　　与《人类命运》的作者丹溪草认识有十多年了，亦师、亦兄、亦友。之后因工作，他调任至另一城市，联系不多了，后闻其在写书。去年 8 月，丹兄在微信上发给我当时他尚未出版的新书《人类命运》电子版。今年年初，他又给我寄来出版后的书本，并嘱咐我给他的新书写点什么。然而，我迟迟未动笔。在我一直为此事纠结时，丹兄却以他书中印在封面的一句他百岁奶奶曾说过的话来安慰我，"宽慢来，弗着急"。

　　这的确是一本适合慢品的书，我一直把它放在办公室书桌一隅，闲时总会随手拿起来翻翻。《人类命运》是一本反思人类发展历史、思考人类未来命运的书。作者丹溪草从人类演变的各个阶段的发展历史变迁的微妙规

张 言 9岁 《九尾狐》

律，借助对史实片段和习俗现象的细致分析，对比各种文明遗存，探究历史疑惑，探索人类命运的轨迹。正如浙江大学教授王景新在该书序中所指出的："作者遵循了社会文化人类学的基本规则，把研究视野置于人类自起源至今的全部进化历程，放在全球的不同地区、不同人种，甚至放到蚂蚁、蜜蜂等社会性极强的动物群中去比较，试图从人类进化的久远历史和全球宏大场景的叙事中，解读人类命运演化历史脉络及其规则变迁的来龙去脉。"作者长期担任地方官员的职业经历，给了他以小见大、把控宏观的能力，也给了他述说人类命运的底气。近期，《人类命运》与《明朝那些事儿》《活着》《围城》《平凡的世界》等书一起被评为"2021年最值得读的十本书"，在"当当网"上曾一度脱销。

一、自然法规早已潜入人类的生命，流淌在血液里

自然法则是对应于社会动物而言，为协调个体、自然、社会之间，对内或对外的各类关系，以维护共同利益而形成的基本约定。在人类早期的文明演进中和对自然及生命的敬畏中，充满了崇拜和禁忌。

然而，资本的兴起，让之前田园牧歌式的生活一去不返，人类从农耕文明进入了工业文明。在大规模工业机械化生产面前，上苍对人类生存的影响似乎在减弱。当我们的生活越来越便利时，越来越多的人却变成了欲望的奴隶，被欲望驱使着向一个个目标前进。

科技增强了人类的力量，人们沉沦在对科学的崇拜中。当"人定胜天"成为一句口号时，人类逐渐淡忘了对自然该有的谦

逊，以及对上苍该有的敬畏。人类也许还没有完全意识到，但大自然却用一次次的厄尔尼诺与拉尼娜，以及地震、海啸、飓风等宣泄着自己的不满。人类往往"好了伤疤忘了痛"。

正如稻盛和夫先生所说的："不管是帝王将相还是实业家，不管取得过怎样的丰功伟绩，一旦失却谦虚，傲慢起来，那就必然灭亡。但问题是，现在的人类不约而同地一齐傲慢起来。"作者在书中尖锐地指出："人类走过的每一步，无论是前进还是后退，总是承受着巨大代价，任何过程中都没有免费的午餐。"

二、"族群"是家国的血脉，是民族复兴的根基

世界历史上出现过众多的文明，包括古埃及文明、古巴比伦文明、玛雅文明等。"从人类四个大文明的发源地看，为什么只留下了华夏文明？"作者在书中发问。紧接着作者又给出了答案："这种漫长的农耕文明形成的熟人社会和自治模式，构建了完整的宗法社会组织形式，无论政治社会、经济社会，还是宗教社会，都像是宗法家庭的扩大或变异，都不自觉地比附宗法家庭模式。这成了中华民族自古以来结成生活群体的主要形式或基本形式，同样形成了充满宗法特性的规则构架。"这便是先祖伏羲留给我们的"根脉文化"。

人类已经以 2000 多年的历史证明，没有一个智慧系统、宗教系统可以统驭整个人类。因此，尊重每一种文明，尊重每一个宗教，但又不以任何一种思想、宗教去压制、批判、替代其他的思想和宗教，显得尤为重要。人类的所有智慧、所有文化都有其存在的价值和意义，进而形成人类智慧和文化的交响乐，而中华优秀传统文化具备使人类的多元文化成为交响乐的底蕴。

因此，我们要守住我们的根脉，中华文化根脉是太一，即道。《道德

经》里说："道生一，一生二，二生三，三生万物。"道是一切万物的根本，从混沌初到今天，道无时无刻不在伴随着我们，"须臾不离，可离非道也"。

三、突破认识局限，构建和谐美好的生活空间

《人类命运》从"社会动物"起笔，通过"部落文明""父权文明""王权文明"和"资本文明"四个部分，构建了人类社会发展的轨迹。这让我想起了一部曾经看过的电影——《阿凡达》，这部电影也描述了人类所经过的过程：从原始共生，到野蛮竞生，再到文明竞生。

所谓文明竞生，虽然是文明，但终究还是竞生。文明竞生代表着科学，是商业、经济、金融的共同体系。它看似超越"弱肉强食，相互杀戮，结束对方生命"的这种方式来获得资源，但我们同时忽略了：文明竞生是我们人类合伙高效率地掠夺我们自己的生存资源的方式。换句话说，人类正在合起伙来掠夺人类自己。人类的科技似乎看起来越来越发达，可以上天入地了，但面对一场突如其来的新冠疫情，人类却束手无策，这是不是大自然对自负的人类又一次巨大的嘲弄？

因此，人类未来一定要进入"和谐共生"，这也是人类唯一的出路。这种"和谐共生"是完全尊重自然的，也就是说自然会提供给我们真正的需要，提供生命的滋养，而这个生命滋养的真正目的，绝不是"利益"，而是我们内在意识的提升，这才是生命的真正意义。

在浩瀚的宇宙空间，我们的地球也许就是一粒微不足道的尘埃。尽管如此，我们还是爱她，因为这是我们赖以生存的地方。然而，现代人往往自以为是，但欲享其尊，则必承其冠重，一切任性皆是枉然。人类命运和个人命运其实是同一个走向的，或许人类只有建立命运的共同体，才能最终实现人类共同的觉醒。正如作者在书中所说："认识到自己的渺小，这个世界一定会更美好。"

《人类命运》带来的深度思考

筱 玥

这是一本纵观人类发展史的记录，也是作者在查阅了大量的文献之后，写出的一本关于世界与人类一次次秩序的打破与重建的文明的书。而每一次的秩序的打破与建立，总是会带来某种灾难，但是人类又是智慧的，总是会在灾难中成长，组建起新的文明和秩序。

读这本书带给我最深的感受就是要敬畏大自然。此外，还需要有足够的耐心和严肃的态度去认真阅读它。这本书打破了我们某种成长的偏见和局限，让我们在不同的时空看到了不同国度的人们的生活方式和生活文化，我们从中读取到了自己的灵魂，也看到了外面的世界，我们还看到了野蛮与文明之间的不断交替，而正如作者所言："人类社会要构筑一个和谐的生态空间，需要自我改造，急不来。"

一、人性是变迁的

全书几乎都在书写人类进化的历程，从社会动物到部落文明，从父权文明到王权文明，再到资本文明，以及人类站在十字路口的理想秩序追梦。

张艺馨　8岁　《咚咚巨人》

每一次的变革，都是人类遵循适者生存法则、演化变迁的结果。每一次的变迁，都是人类为了更好地生活。因此，人类才会出现不同的文明，在构建各种新文明的同时，人性也是进化的结果。

在社会动物时期，它们喜欢成群结队地活动，内部存在一定程度的分工，而且有秩序、有组织地运行；在原始人群内，男、女两性婚配关系从无限制、不固定的杂乱状态到族群内同辈分的对偶婚配，这种人类对自身婚配关系认知的突破和超越，使得人类文明的进步与其他社会动物呈现出明显的差别。

人类从原始社会的母系社会过渡到父系社会，逐渐进入部落文明、王权文明，在这些文明的演变之中，随之而来的就是族外婚。文明的脚步一点一点地向前走，人性从野蛮与无拘束的自由慢慢进化到法律、道德的框架之下。人类经历了漫长而恐怖的岁月后，人性得到了约束，人类才不再像几亿年前一样，充满着血腥、残暴。

二、敬畏自然是大自然对人类的警醒

人类从原始文明发展到资本文明，从一开始的与自然和谐相处，到现在人性的欲望在资本的发酵之下愈演愈烈，人类想要主宰一切的野心日益膨胀，于是，科学技术在给人类的生活带来更多便利的同时，也导致人类与大自然渐渐脱离。而每一种文明的进步，总会带来新的灾难和考验。

在工业加速发展之下，全球气温开始上升，空气不再那么清新；人类开始捕捉野生动物，破坏生物圈；各种难缠的疾病也随之而来了。

而作为地球村的一员，人类最终会意识到战胜自然的后果是会被大自然反噬，日渐膨胀的野心也应该到了必须"自律的悬崖尽头"。

大自然给我们带来的每一次灾难，都在告诫我们：在与大自然抗争的同时，要约束自己，更要懂得敬畏自然，与大自然的相处要达到某一种动态的平衡。

三、"宽慢来，弗着急"

作者在书的封面写道："认识到自己的渺小，这个世界一定会更美好。儿时奶奶常叮咛：宽慢来，弗着急。"

持续几年的新冠疫情，几乎弥漫在全球各地，从某种程度上阻碍了人们前行的脚步，打乱了人们的生活节奏。

被迫慢下来的人们，才开始真正有时间做更多的思考与内省，才逐渐意识到我们的身体在日复一日的忙碌中，慢慢处于亚健康状态。我们那颗躁动的心终于变得些许沉静，也开始学会爱惜并且珍惜自己的身体。

而历史的演变，打破了时间的局限性，让我们跳出自身的某种局限，在不同的时空看到了不同的灵魂，同时也从不同的灵魂身上读取到了自己的身影。它就好像一面镜子，打破了我们原有的认知，让我们站在巨人的肩膀上，看到了更加完整的一面，也丰富了我们仅此一次的人生。

就如同作者所言："以文化人、以文育人，以明引路、以明昭示，万万急不得，文明有足够的魔力和底气。"

徐嘉一　14岁　《灵魂的狂欢》

《人类命运》研讨会对话录 [1]

周鸿承 [2]

郑晓东 [3]：感谢大家在周末假日参加由浙江工商大学人文与传播学院和浙江工商大学休闲研究中心举办的《人类命运》学术研讨会。下面请允许我介绍一下出席本次研讨会的领导与嘉宾：浙江省科协学会部四级调研员、科技社团党委副书记王辉，金华市社科联副主席朱伟，兰溪市政协副主席、金华市作协副主席陈兴兵，浙江工商大学人文与传播学院院长何庆机教授，浙江工商大学东方语言与哲学学院副教授、哲学博士丁建华，杭州电

① 本文是《人类命运：规则与变迁》一书研讨会的对话录，由周鸿承整理。

② 周鸿承，浙江大学历史学博士，浙江工商大学休闲研究中心副主任、副教授。

③ 郑晓东，研究员、硕士生导师，浙江工商大学人文与传播学院党委书记。

子科技大学人文与法学院副教授、人类学博士刘涛，浙江师范大学浙江省非物质文化研究基地研究员、文学博士、海德堡大学访问学者陆颖，浙江师范大学讲师、厦门大学人类学博士曹晓佩老师，中国国际新闻杂志社沈文华老师，《浙江日报》金华分社运营中心主任徐贤飞，金华职业技术学院旅游学院副院长刘根华，金华职业技术学院副教授、美国凯斯西储大学访问学者张焱，浙江工商大学休闲研究中心执行主任、《人类命运》作者丹溪草，浙江工商大学休闲研究中心副主任、历史学博士周鸿承，浙江工商大学休闲研究中心主任助理姜勇。

《人类命运》是我们休闲研究中心执行主任丹溪草老师刚刚出版的一部非常重要的专著。这本书的内容涉及社会动物、部落文明、父权文明、王权文明、资本文明、秩序与规则等跨学科、跨人类的知识。这本书自出版以来引起了广泛的关注，光明日报社主办的《博览群书》杂志将其作为封面加以推荐，著名的历史学家金普森教授、社会学家王景新教授为其作序，撰写书评。这本书在"豆瓣"评分高达 8.8 分，有读者推崇其是一部新的人类简史。我们今天召开的研讨会，希望从这部著作出发，从规则视角出发，集中探讨诸如人类社会发展与文明演进、规则的产生与人类发展的轨迹、休闲哲学与休闲文化变迁等问题。希望通过这样的研讨，我们可以更好地看清当今世界百年未有之大变局，更好地反思过去、把握当下、面向未来。那么，我们的研讨会现在开始，首先请金华市社科联副主席朱伟致辞。

朱伟：今天很荣幸参加浙江工商大学人文与传播学院和浙江工商大学休闲研究中心举办的《人类命运》学术研讨会，说实话我是来学习的。《人类命运》可以说是人文学科中一部研究比较深、比较成功的著作。它从不同的角度研究了人类社会的发展过程，在人类学科上有着比较重要的意义。

今天大家来到金华，金华市社科联也应尽地主之谊。金华从宋代开始便是学术高地，当时以吕祖谦为代表的金华学派，包括以永康陈亮代表的永康学派，在南宋时期发展鼎盛。我在和浙江师范大学老师交流后，了解到在山东曲阜孔庙里面设立的文人中，来自浙江的共有 6 位，而来自金华的就占 5 位，可见南宋时期，金华在整个国家中学术也是相当繁荣的。所以，从去年开始，浙江省委专门提出加强文化研究工程，全省也都在加强这方面的研究。目前，在新的形势下文化研究工程被提到了非常高的高度。今天坐在这里的各位都是做文化研究的，真诚地欢迎大家来我们金华，在曾经的学术高地上搞研究。谢谢大家！

郑晓东：谢谢朱主席，下面请浙江工商大学人文与传播学院院长何庆机教授发言。

何庆机：尊敬的各位领导和各位专家，非常感谢大家周末来参加浙江工商大学人文与传播学院和浙江工商大学休闲研究中心主办的《人类命运》学术研讨会。总体来讲，我们学院师资力量雄厚，科研实力比较突出。目前我们有专任教师（不包括行政工作人员）共 69 位，其中教授 21 位、副教授 19 位；拥有博士学位的教师一共有 14 位。近年我们在各类学术期刊发表论文 400 多篇，出版专著教材 60 多部。在人才培养上，学院以厚人文底蕴、重创新应用为办学思想，实施厚基础、重创新、广事业的人才培

何庆机

养方略，在基础学科下，面向学校、面向市场，培养具有人文素养和创新能力的复合型人才。去年浙江工商大学第三次党代会提出，要进一步提升对接浙江省委、省政府对学校有期待、重大的战略部署，要求弥补浙江省对我们学校的一个期待——高等教育人文社科要有新的担当，推动我省高校做出新的贡献，为社会经济发展强化理论提供智力支持。为进一步发挥我校人文社科研究的优势，主动对接校外方资源，积极开展新文科建设，学院去年成立了浙江工商大学休闲研究中心。中国艺术研究院院长、文化和旅游部原副部长王文章担任中心的顾问，中国休闲研究中心开拓者、原中国艺术研究院休闲研究中心主任马慧娣担任中心主任，人类学学者、作家丹溪草担任中心执行主任。人文学院已经在休闲研究中心形成一系列高质量的研究成果，并具有一定的社会影响力。比如，乡村振兴与中国休闲文化产业转型发展研究，为文旅部的科研项目；浙江婺剧口述史，为浙江省文化工程的重要项目。一系列和休闲文化相关的项目，可能涉及休闲文化、休闲产业、休闲民俗、休闲旅游、饮食文化、戏曲等。另外，我们还出版了中国传统系列，如《浙江饮食文化遗产研究》《杭州花边研究》《中国传统竹编》《浙江婺剧口述史》等相关专著。休闲研究中心的执行主任丹溪草先生所著的《人类命运》这本书，是我们休闲研究中心或者说是人文学院重要的研究成果之一。该书出版后引起不少学者的关注，以及读者的热议。我们看到在新华社客户端、半月谈网、中国日报社、《民生周刊》、学习强国、中国网、《浙江日报》、凤凰新闻等各种平台上，各媒体都发表了相关的书评。这本书是基于跨学科视野，多视角地通过局部定义、梳理，按照社会动物、部落文化、父权文明、王权文明的演进过程，借助大量的史实、文明遗存，探究历史疑惑。从人类需要不断认识自己的角度来讲，本书以史为鉴，尊重自然、尊重本真、尊重传承，感知人类危机，希望人们从极简克己做起，增强民族自信，建构人类命运共同体。本次的文化交流活动是浙江工商大学休闲研究中心休闲学系列活动的第一期，我们选择以休闲人类命运为起点，探讨人类文明休闲哲学乃至规则秩序等，需要哲学、人类学、历史学、社会学等多学科学者智慧的贡献和分享交流，互相学习。

浙江工商大学休闲研究中心将继续落实新文科建设与发展的策略，坚持对接融合创新，通过多学科交叉，协同创新，设立休闲研究奖，面向社会培养人才，满足浙江省社会经济发展需求，服务国家重大战略部署，用 5 年左右的时间力求做到研究队伍稳定、研究成果丰富、社会合作广泛、在学术影响上有话语权，为立足浙江服务全国的休闲文化繁荣，促进社会经济发展做出重要的贡献。接下来我们学院和休闲研究中心将进一步联合浙江省的相关院校和地方单位，继续开展一些工作，也恳请各位专家、领导，继续支持我们学院和休闲研究中心，谢谢各位。

郑晓东：谢谢何院长！刚刚朱主席提到浙江文化研究工程，何老师也提到我们学院老师的一个著作——《浙江婺剧口述史》。关于这个我想多介绍两句。这部著作是我们学院聂教授在金华耗时 6 年完成的。在这 6 年里，他除了回杭州上课，其他时间都待在金华，住在金华婺剧研究院。他几乎是凭一己之力采访了 140 多位艺术人员，一人坚持干了 6 年，所以婺剧研究院给了他非常高的评价和赞赏。我们学院和金华还是有很密切的联系的，希望以后这种交流可以更多一些。下面有请浙江工商大学休闲研究中心执行主任丹溪草老师，也就是我们今天所要研讨的这本书的作者，给大家介绍下这本书的创作背景，以及对这场研讨交流会的一些期待。

丹溪草：今天这么多领导、老师聚集在金华这块宝地上，我为什么说这是块宝地呢？我们现在坐在这里的位置，是金华历史上的金华府衙所在地，在京城说是紫禁城，在地方叫作子城，子城就是行政所在地。元朝末年朱元璋的指挥部就是在这里，朱元璋正是仗有这块宝地，占领了浙江之心，统一了全国，这是一个非常有意义、有福运的地方。

接下来我就围绕《人类命运》这本书和今天的这个活动，谈谈运势和信义。金华叫"信义金华"，应该说大家来金华都是我生命中的贵人。我想，每一个生命都有他自己的运势，从某种视角讲，这个运势就是贵人相助的结果。学术交流，应该是欢快轻松的，但是关乎命运的话题，似乎又显得宏大而沉重。记得有个哲人说过，一个人上了40岁还未认同命理，那应该是还没有觉悟。这句话让我印象很深刻，我其实就是属于晚熟、迟悟的一类，所以过了半百才有一点所悟，想跟自己的孩子交流，直到有了机缘。我在南方休养身体的时候，曾用一把铁锹铲切开了一个很大的蚂蚁窝。去过南方的人都知道，那边的蚂蚁窝很大，甚至半米高的都有。我很好奇，想看看里面到底是什么。直到我用铁锹铲切开大蚁窝时，蚁穴里面别有洞天的景象给了我极大的震撼，就在那一刹那我恍若窥探了一个独立的宇宙，里面真的是另外一世界，忽然懂了港澳一带的居民为什么都称自己为"蚁民"，他们悟得真透。我在那天发现，它那个世界其实就是自己所处的宇宙。正是这个启发，促使我开始写这本书。都说写书是作者内心和这个世界的交流，这本书就是在这个背景和心境下诞生的。又恰逢新冠疫情暴发被关在家里，让我有时间去写作。之后这本书荣幸获得几位老教授包括中央党校著名的理论家王瑞璞老师、我国休闲学开拓人马惠娣老师、金普森老师

闵可妮　13岁　《万圣节》

来写书评。《中国教育报》编辑老师在排王瑞璞老师的文章时说："这书评和书在我们近年看来都属于上上。"这是他的原话，当然我想这是他对我的鼓励。从他们的首肯到"当当网"有一段时间的脱销，再到前段时间"豆瓣"评分达8.8分，一直到很荣幸地登上《博览群书》杂志的封面推荐，

金熙儿　7岁　《美人树》

我个人清醒地认识到，绝不是这本书
的内容和研究有多好，而是恰逢其时。

这两年发生的一系列大事情和这
本书的思想有些碰撞，比如新冠疫情
的出现和各国防疫的一些乱象、资本
界的惊雷、江苏省的丰县事件，以及
现在正在发生的俄乌冲突。这些都不
是小事情，都是历史的大事件，是可
以写进历史的，在人们的内心当中产
生了巨大的共情、共振。虽然大家的
观点不一，但是都会有一些内心的同

理思考，所以我觉得是一种恰逢其时的书得到了大家的接受。

关于物种和人类的命运，我个人理解都是规则的产物，那什么是规则
呢？我在书里提到，规则是人和自然、和社会、和自己内心的关联或关系
的组合。规则就是各种关系、各种约定的总和。在生命从无到有、从有到
无这个过程中，生命体与天地万物和芸芸众生、和内心灵魂有一种因果关
联的约定。比如，《金瓶梅》里说到的"你今贪得收人业，还有收人在后头"
就是这种规则；再如，"富贵自是福来投，名利还有名利忧，命里有时终
须有，命里无时莫强求"，也是一种规则。人来自自然，生成于自然；人来
到世间，生命就成了和自然时空特殊约定的一个符号，人生来就只是一个
符号而已。诸如人类和各个物种，相对于这个宏大的宇宙空间来讲，无非
就是一个符号群。所以命运是什么？命运自然就是生命体与整个自然社会
生命体的时空约定关系。既然讲到约定和规则，就有信守和背弃两个选项。
我觉得每个人也一样，每个物种也一样，一个国家或一个地区，都是这个
道理。

2014 年 3 月 18 日，习近平总书记在河南省兰考县常委扩大会议上指出：古罗马历史学家塔西佗提出了一个理论，说当公权力失去公信力时，无论发表什么言论，无论做什么事情，社会都会给以负面评价。这就是"塔西佗陷阱"。我们当然没有走到这一步，但存在的问题也不谓不严重，必须下大气力加以解决。习近平总书记是从政治的高度来讲这些的，我们不讨论政治，但我的理解是什么呢？我想"塔西佗陷阱"关于个人命运、族群命运，以及物种命运的解读，应该是同理的。所以，信守道义不仅是一个人立身、立命之本，对于一个族群、一个组织、一个国家、一个物种来讲也是一样的。这是恒定的规律，是基础的规则。

背弃规则、约定，缺信失义，犹若溃堤；积信守义，方成运势。这并非人类作为群体动物所独有的，信守道义是人们共情同理高度一致的潜意识共识。它是在本我层面的一种共识，甚至很可能是存在于宇宙空间的一种普遍规则。这是一种假想，宇宙空间的规则也很难认知，倘若我们能够静心侧耳，或许能听见大自然在问："人类你信守道义了吗？你在各种诱惑面前，是选择了信守还是选择了耍滑？"

当然任何认知都有局限性，尤其是岁月流逝，阅历丰富，其实阅历丰富也是积累尘埃。所谓的长见识，其实也就是长局限，思维容易形成定式，观念各种固化，包括自信到对诸多规则，以及对信义和运势关系的漠视和麻木，年纪大起来往往是这样。

今天非常高兴看到这么多年轻人，善美的种子总是在年轻的心田里萌发。人类的命运是一代代个人命运的延续，是不应该着急、不应该急躁的。所谓为年轻人创造更多机会，我想就是莫割青葱的韭菜。让年轻的人自由展翅，而不应该早早背上房贷、学贷的枷锁，世故、拘谨的油滑，好比折断了他们的翅膀，压弯他们原始的脊梁。康德说过，人自身就是目的，不是任何一切的工具。但是，人类的现实生存中，作为工具的人比比皆是，而且更为可怕的是许多人正在成为自己精神的工具，自觉或不自觉地成为各种"奴"：有些人成为奢侈品"奴"；大多数人成为手机"奴"，还借口说是出于研究学术的需要，为了了解最新的情况；还有些人成为娃娃"奴"，而有些娃娃却成为被父母控制的"奴"。所以，人类的抗争，实际上是从"心"开始的。用我奶奶的话就是让人生"宽慢来"。"宽慢来"，是指

陈泳妍　9岁　《猫的变异史》

温柔地坚持，快乐地执着，自由地漫行，命运自有因果和规则。我个人提出"温柔的执着""简约的精致"之类的念想，就是设想人们若处于相对宽松的时空里和适当的休闲状态下，才更有可能减少被纷繁世界侵扰，而保持平和、清醒才更有助于我们做出理性的抉择，不迷失初心。

每本书都是著者内心和世界的交流，其实也是对自身灵魂的叩问。所谓启智，我想不应是去启智他人，而是启智于己，是对自己的一种反思，从人类历史的各种故事中汲取心灵的滋养，以补益自己，让自己成长。信义就是信守道义、尊重各种规则，这对于人生运际、人类命运都太重要了。今天承蒙各位老师聚在信义金华交流人生，颇为感激。信义就是运势，这是大自然的基本规则。往实处探究，这一规则也适用于一个人、一个族群、一个地区乃至整个人类。适逢春阳现之时，祝愿诸位运际阳春气象新。

郑晓东：感谢丹溪草老师的发言，为今天的讨论奠定了很好的基础。本次研讨会特意邀请了哲学、文学、历史学、社会学、人类学等多个学科领域的专家学者，目的就是希望通过这种跨学科的思路碰撞，更好地擦出思想的火花。作为主持人，我希望我们的交流方式可以宽松、活泼、自由些，专家学者们可以畅所欲言。那么接下来各位专家学者就按照落座的座次，按照顺时针的顺序依次发言。在发言的过程中，其他老师如果有困惑、有疑问或者是想要交流的，可以随时提问、随时交流。这个研讨环节以对话、访谈的形式进行。我们也专门安排了录音整理人员，后期会对各位专家的发言进行整理。由于时间的关系，每位的发言限制在 5 分钟。如果超出太多，我这里就要行使主持人的权利了。请刘涛老师先开始。

刘涛：大家好，我叫刘涛。我来自杭州电子科技大学法学院社会学系，我是学人类学的。看到《人类命运》这本书后，我十分震惊和忐忑，不禁

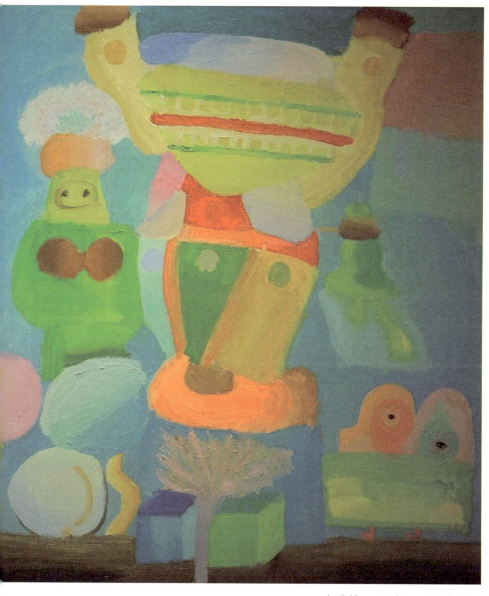

张欣怡　11岁　《天空岛》

感叹丹溪草老师写得太好了。由于时间只有 5 分钟，我就简单地抛砖引玉，来谈谈自己的看法。

　　我以前从来没见过丹溪草老师，在看完这本书后，我觉得这是一个很神秘的作者，为什么说他很神秘呢？因为这本书的题目很大，像我们年轻学者是不敢去触碰的。但是当我从头到尾读下来之后，我发现里面有很多写得非常温柔的地方，而且这位作者有人类学、哲学和历史学等多学科的基础。

　　这本书主要有几点让我印象深刻。第一，内容极其丰富，引经据典，

章嘉璇　9岁　《来自外星球的生物》

涉及东、西方各个族群的文化，甚至还有科技的论证，让我惊叹不已。比如，书中第 22 页提到了基因突变的革命性的大迁徙。看到这里我就突然想到，厦门大学的王传超、邓晓芳老师在写人类学著作时经常加入一些有关基因的东西，辅以一些科学的论据。丹溪草老师的写法也是如此，让我很震惊。第二，这是一部研究人类历史发展的专著，其立意很高，研究人类的命运何去何从。人类学研究的本质是长着不同面孔、说着不同语言的人类怎样实现和平共处。比如，中国有 56 个民族，这 56 个民族如何能更好地发展呢？第三，通过阅读这本书，可以看到丹溪草老师身上有生活的阅历、内心的温柔、善良和对世间的关怀。丹溪草老师在开篇就说汗水最美，我非常认同，为什么呢？因为我的父母都是农民，我从小在农村里长大，所以我知道在收获的季节就需要不停流汗。等我步入工作后，我依旧觉得运动的时刻是最美的，而最美或者说最健康的时刻正是流很多汗的时候。所以，我很惊叹于丹老师这种对生活细致的观察和细腻的描写。第四，书的最后讲的是理想和继续追梦，又上升了一个高度。我觉得非常重要。当下，我们正努力追求中国梦和共同富裕，这本书对我们国家现在的政策、实践做了很好的诠释和理论性的指引。比如，在 294 页，丹溪草老师提出了几个人类共同面对的敌人，第一个就是贫困危机。贫困问题是很多国家难以解决的问题，但是我国从"反贫穷扶贫"到"精准扶贫"，再到现在的"共同富裕"，体现了中国共产党和中国人的智慧：用中国文化、中国文明来解决贫困问题。

总而言之，这本书给了我很多启发，感谢丹溪草老师写

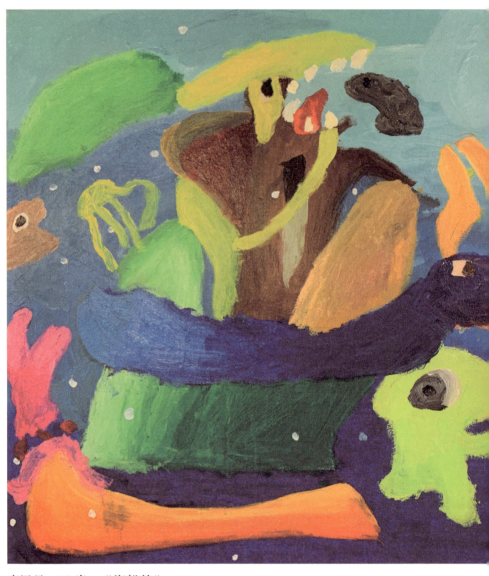

麻泽昱　10岁　《海船梦》

了这么好一本书，让我们来共同学习，谢谢大家。

　　郑晓东：丹溪草老师作为书的作者有一个权利，您可以随时回应，如果没有回应的就按顺序来，下面有请张焱老师。

张焱：大家好！我特别荣幸今天有机会来这里学习，我是真正来这里学习的。很惭愧的是，对《人类命运》这本著作，我目前还在认真仔细地阅读过程中，所以我想把这个时间留给其他专家学者。

陆颖：大家好！我也是来学习的。丹溪草老师的这本《人类命运》，我非常认真地阅读了一些章节，看到丹溪草老师的著作当中，有很多人文方面经典的材料佐证。正巧近期浙江师范大学在进行相关方面的整理，我也相应地对整个人类历史，对我们正在生活的世界有了较为全面的认知和了解。虽然今天是我第一次见到丹老师，但是丹溪草老师刚刚的发言让我非常感动，从丹溪草老师的发言里我听出了他深刻的人文情怀、对人生的热爱和对世界的关怀。同时，"人类命运"是一个非常宏观的话题，丹溪草老师有这样的魄力去书写对人生、对命运的感悟，反映了某种人类的思考的激情，这也是让我极其感动的。

目前，我正在做一个关于良渚文化的教育课题，因此非常关注丹溪草老师书中提到的相关内容，后续希望有更多的机会向丹溪草老师请教，一起交流探讨。谢谢大家。

曹晓佩：今天看到丹溪草老师的《人类命运》，我觉得丹老师提出了一个非常宏大的问题，谈到了人类命运。丹溪草老师在《人类命运》最后一章里写道，人类当前站在百年未有之大变局的一个十字路口，未来何去何从，值得我们反思。这是一部诠释了跨学科的专著，信息量非常大，诠释了丹溪草老师非常厚实的学术积淀。

我的思考是往前看，人要往哪里走，人的归处在哪里。但《人类命运》的思路是让我们往回看，看看人是从哪里来的，看看社会发展至今经历了哪几个阶段。这种"往回看"对我们"往前走"，对研究整个社会发展和变迁的规律，有着很好的借鉴作用。《人类命运》从动物社会着手，观察蚂蚁世界的社会结构，再从动物社会跨越到人类的原始社会，探讨人类社会最初的组织规则是什么样的，人类一开始基于什么规则聚集在一起。有研究猜测，跟同一时期的直立人相比，智人的祖先在智力上是不如直立人的，在体能、身材上也是没有生存优势的，但是后来那些直立人的后代却灭绝了，反而是身材矮小、力量弱小的智人生存且繁衍了下来。为什么？这本书似乎给出了答案：是人群的协作，协作诞生了智人的社会和社会文化。总而言之，丹老师提供了一个非常宏大的智慧图景，我觉得肃然起敬，谢谢丹老师。

刘根华：首先，我非常感谢浙江工商大学到我们金华来召开《人类命运》的学术研讨会，这是我们金华的荣幸。特别感谢丹溪草老师和周鸿承博士的邀请，这对我来讲是一个非常好的学习机会。

其次，丹溪草老师的《人类命运》在金华许多单位都已经传开了，不过我是昨天才拿到这本书的。丹溪草老师原来是我们旅游局的局长，他在任的时候，我们底下的老师都说朱局长是一位非常儒雅的学者型局长，他对政治制度的思考非常深入，对一些问题的看法颇为独到。由于丹溪草老师是行政机关的领导，我们真的没想到，他沉浸下来居然创作了这样一部巨著。后续我一定要好好拜读这本书。

最后，我自己从事的是饮食操作，我们职业技术学院培养的学生是高技能的人才，实际上就是技能型的人才，说白了就是怎么把美食做好。2020年我们学院成立了一个研究院，旨在对浙江省特别是金华的美食做一些比较深刻的研究和广泛的推广。我想丹溪草这本书对我的专业和工作是有指导意义的。丹溪草老师刚才提到了"道义"，其实我们做食品的人就是要坚持道义为上。这也是让我感悟最深切的。如果我们从事食品生产的把

"道义"奉为至上，那我想我们的身体、我们的命运甚至这个世界可能会好很多。我相信这对我的教学工作、学生指导工作、行业工作会有更多的帮助。谢谢丹溪草老师！

丁建华：非常荣幸有机会来参加丹溪草老师《人类命运》这本书的研讨会。其实在读这本书的时候，我就在想作者到底是什么样的一个人。当听完丹溪草老师的讲话，我发现阅读这本书和听他讲话的感受是一样的。

这本书是一部宏大叙事的专著，而宏大叙事很可能出现的问题是缺乏深度，只是把之前所有学者讲过的都讲一遍。因为我是做哲学研究的，主要是佛教学，更关心的是佛教的思想、佛教的理论，所以当我读完《人类命运》这本书时，我发现从哲学的角度来说，这本书是很有深度的，作者在宏大叙事的背后有深刻的思考。这个绝不是我当面恭维的话，读者去看了书之后就会发现，丹溪草老师这本书其实有一个很大的目标，即关于人类命运的思考。那么我的理解是从宏大叙事的历史背后去思考人性的问题，去思考人在历史当中具体起到什么样的作用。我发现书中有引用黑格尔的"推动历史的动力"，这个也是讲到关于人性的，而且原生性的人性和变迁性的人性这两个概念是丹溪草老师的独创，虽然哲学史上也有类似的理解，但是我觉得这两个概念有新意。按照我的理解，原生性的人性其实和荀子的性恶论有点接近，即人一出生之后对物质就有一种需求。荀子的论证是小孩出生之后想要喝奶，如果喝不到奶，他就要哭，因此人具有一种天生的贪婪，荀子认为这是一种性恶。这本书里也有同样的意思，但更重要的是变迁性的人性论述。

书中有一部分写得十分精彩，即探讨了文明是不是对人性的一种压抑。弗洛伊德有一本书表达了对文明的强烈不满，认为文明是对人性的一种控制。因为弗洛伊德认为人性是一种性，那么文明就是让大家把性、性欲，以及与生俱来的欲望控制住。在这本书里我不仅看到这种思考，还看到了一种新的思考，就是关于人性和自然的关系。这种思考也是中国哲学道家的思考，是关于天人关系的思考。作者认为，科学技术是人与自然分离的主要动因。我之前写过一篇文章，也是对于科学技术的思考：人在获得科学技术之后，在有了控制自然的力量之后，人与自然就分离开来了，人不像自然世界中的一只鸟、一只豹子那样符合自然。这本书很有深度地讨论了这个问题，最重要的是关于人性的思考，然后从人性的思考再反过来思考历史应该往哪里走，思考历史是为了更好地应对将来。

最后做个总结，宏大叙事背后的深度，是立足于人性的思考，那么这里涉及很多关于人性本身的思考，以及人与自然的思考。但是有深度之后容易出现另外一个问题：有了深度之后读者容易看不懂。但丹溪草老师这本书既有宏大叙事，又有深度，还能通俗易懂，真是了不起。只要在座各位写过书的肯定都知道这是很难的，能够同时达到这三点不容易。刚才听郑书记和院长讲到的"豆瓣"评分和网上的赞美，我觉得受大家欢迎就是一本好书。谢谢。

沈文华：我衷心表示祝贺。朱红老师是我的老领导，给予了我很大的帮助和很多的关照。他的《人类命运》这本书在社会上产生了广泛的影响，

郑皓轩　9岁　《元素周期表》

曾在"当当网"上卖到脱销，在这里我表示祝贺。

第二，我已经围绕此书写了一些评论，在此就不详细展开了。接下来说两点我的感受：一是我很敬佩朱红老师。朱红老师是行政官员，不是学术研究者，这本书能够从人类学、哲学的角度进行研究和阐述，是非常不容易的。在从行政官员到学术研究者的角色转换上，他转变很快，也很成功。他在前言中指出，这本新作历经艰难，能够完成非常不易。二是这本书让我受益很大。我相信，不论是专家、教授，还是是公务员，抑或是普通的读者，通过阅读这本书都能对话人生、对话历史、对话自己。

第三，这本书从出版至今有很多人做了评论。很多专家教授也在研讨会中进行了讨论，使这本书的内容又增加了很多。朱红老师也说过，要吸纳各位读者的宝贵建议，使这本书能够再版。如果再版，我希望可以让更多读者接受他的新思路、新观念，能产生更大、更深的影响。听说这本书正在翻译过程中，多语种的翻译能使这本书产生更广范的影响。

以上是我的三个观点，再次表示祝贺。

周鸿承：大家好！我是浙江工商大学人文与传播学院的老师，平常受丹溪草老师的教育机会比较多，我简短分享一下我的想法。

第一，非常感谢各位领导、专家及青年学者来参加我们这次研讨会，感谢大家对我们学院、休闲研究中心工作的支持。《人类命运》这本书涉及的议题并不是一般的学术专题，而且大家也知道在浙江尤其是在杭州，人类学学者非常少。我们这边不像云南大学那边的研究比较多，所以好不容易能找到像刘涛老师一样从人类学、哲学角度来进行论述的。

第二，我的专业是历史学，所以我从历史角度来谈一谈我的感受。我长期在上一门课，叫作"世界文明史"，包括基督文明、玛雅文明等。读了这本书之后我在思考，在未来的教学工作中是否应该纳入人文关怀，就像丹溪草老师所关心的一些社会现象，比如刚刚所讲到的新冠疫情、俄乌冲突等都与人类命运息息相关。俄乌冲突好像离我们很远，但其实也不远。这些对我以后的教学也有很大的启发。同样，在专业研究的时候，还要扩大研究视野和宏观视角，有很多观点也是我需要向丹溪草老师学习的。

我的分享到此结束，谢谢大家！

徐贤飞：大家好！在座很多都是高校的老师、学者，而我仅是一个媒体人，充其量是一个读书人。所以，我想站在读者的角度跟大家分享下我的看法。

我很早就读到了《人类命运》这本书，大概在 2020 年就写了书评。我看过很多书，比如美学史、历史、全球通史，各种书我都看过。但是我还从没有看过这种人类的规则史，这是让我非常惊奇的地方。在这本书里我读出了两个词：一个是"谦虚"，另一个是"骄傲"。这是一对相反的词汇。我认为，丹溪草老师的"谦虚"在于他的结果。他从来不认为自己可以告诉大家答案是什么，但是他会告诉大家他的解释过程、逻辑脉络是什么。说他"骄傲"，是因为他在解释过程的时候非常"骄傲"，他从中国人的思维来解释了整个人类的发展。我算是"80 后"，一直以来看西方的书比较多，他们给出的解答方法都是西方的思维方法，而这本书给我的思维就是中国思维，用中国思维回答了我们应该怎么活、应该怎么与人相处、怎么和自然相处、怎么和自己相处的问题。这确实给我很大的启发，也让我觉得比较振奋。因为不是专业人士，所以我就讲到这里。谢谢大家。

陈兴兵：很惭愧，朱老师以前是我的老领导，我拿到这本书之后就准备写一篇书评，但这件事一直到今天都是我的心事。我觉得得有机缘。我一直怕见到他，微信上也经常不敢给他点赞，就怕他说我有时间点赞，却

陈泳吉　9岁　《一场谋"鲨"》

没时间写文章。今天恰好有这样的活动，我就一定要来听一听各位专家老师的讨论。

我就想说四句话。第一句是：人类的变迁史是文明的发展史。大家都知道，我是民盟的。费孝通是人类学家，他提出很多观点，包括"各美其美，美美与共"，就像奥运会闭幕式中所提到的。人跟动物的区别就在于我们有信仰，有思想，有文明。那文明从哪里来呢？从心来。因为动物仅有一种本能，而我们有由心发出的指令。我们经常讨论心在哪里，心并不是在心脏的地方，而是在大脑。所以，才有了人类，才有了文明。

第二句话是：变迁是不断地向前发展，那规则是什么？人类所有的行为都是文化，喝酒有喝酒的文化，交友有交友的文化。这种约定成规的东西就叫"道"，也就是古人说的"道"。道是通往文明发展的必需条件，任何发展没有道就乱了。丹溪草老师谈到乱象，什么是乱象？在很多机关单位里，创新就变成你干我的活，我干你的活。从今天来看，这就是乱象。从国际上到小单位，我们如何维持"道"是亟须讨论的问题。

第三句话是：任何一种背弃规则的行为都是文化的倒退。我们现在很多时候处于文化的倒退中。我们强调精简，但不能精简礼仪，脱离了礼仪，这个社会就缺乏了某些东西。有时候命是一种机遇，就像丹溪草老师刚刚讲到的，人到 40 岁都还不明白命理是什么。命里没有的事情不要强求，这是不能承载的事情。背离一些规则，违背一些道，用第三种手段去走一条捷径，去扰乱原本按照规则行动的事情，是造成我们现在内卷的一个原因。我们现代人如果可以按照正常的时间下班，一家人一起买菜、做饭、吃饭，那这种状态就很好。但是现代基本没有这种可能，大家相互比拼，相互内卷。然而，没有人比幸福。美好生活是什么？不是一个数量，而是这本书里提到的不要着急，慢慢来，刚刚好。幸福是不多不少，多一点是过，少一点是不幸福，刚刚好是一种幸福。

第四句话是：思想是一个社会发展的动力。如果没有思想，这个社会的文明就会停止发展。最近我读了樊登的一本书，他讲到我们很多人以为的思考其实不是思考，一加一等于二，这不是一种思考，这是一种推理。一加一为什么等于二，为什么不等于三呢？这个才是思考，所以我们常说人类一思考，上帝就会发笑。很多时候我们不是在思考，而是在推理。丹溪草老师对人类的规则、进化，以及文明的发展有了很好的思考，对我们有很好的启迪，让我们看到自己从哪里来。这本书最后提到："我们站在十字路口，我们将到哪里去？"我们期待作者能够再有一本新的书，用中国的思维，指明中国的发展到哪里去。

我的讲话到这里，谢谢大家。

王辉：我要表达三层意思：感谢、感悟、感言。

第一层意思是感谢。感谢能有这个机会参加这次会议。我是兰溪人，是学法律的，现在浙江省科协工作。今天非常荣幸参加这个研讨会，这是一个关于社会科学的探讨，我感到受益匪浅。

第二层意思是感悟。感悟又分两个层面，一是王国维先生有三重境界。第一重："昨夜西风凋碧树，独上高楼，望尽天涯路。"我觉得第一重意思中的这个"路"是重点。朱老师一路走来，从行政领导转型做学术研究，真的很不容易，其中艰辛大家有目共睹。他的著作讨论了"我是谁？我从哪里来？到哪里去？"这三个问题，能够写出这样的书，我感到很敬佩。在繁忙的公务之余，更能体现作者深刻的思想。第二重："衣带渐宽终不悔，为伊消得人憔悴。"我们常说文以载道，字如其人。古代人讲立德、立功、立言。"德"在于个人修行，"功"很难强求。我想我作为一个行政人员，立德就是先把自己管好；立功就是全心全意为人民服务；至于立言呢，我们要向朱老师学习。从立德、立功、立言的角度出发也好，从本身的做人和做学问的角度出发也罢，朱老师在这本书里给我们做了很好的示范。第三重："众里寻她千百度，蓦然回首，那人却在灯火阑珊处。"这里重要的是这个"度"，就是渡人、渡己的重点。朱老师在这本书里很多次提到了这个观点，如"为天地立心，为生民立命，为往圣继绝学，为万世开太平""格物致知，诚意正心，修身齐家，治国平天下"。儒家文化的传承要学贯中西，在这本书上体现得很好，包括刚刚说的宏大叙述、老少皆宜。在认知上，仰望星空与躬耕历行相结合。无论在认知还是行动上，这本书都做了很好的探索。王国维先生的三个境界，我就点了三个关键词。我也想给出两点建议：第一，如果这本书再版，希望后续能补充科技和社科的融合，既要做到阳春白雪，又要做到下里巴人，能老少皆宜。学术就是学术，科普就是科普，中间有没有切合点呢？那下一步就是找到这个切合点，把科技和社会结合在一起，因为科技是第一生产力。后续可以找到这种交叉点的融合。

第三层意思就是感言。今天来了很多高校的老师、书记、院长还有社科联、其他党政的领导。我的感言就是想结合我们科协的自身工作，应该如何推进自然科学和社会科学的两翼齐飞和创新融合。这也是我们社科联、省科协应该做的事情。社科联是我们的宣传组织，之前的一位书记也是我们的老领导，2019年社科联和省科协签订了全面战略合作协议。在座的很多人都是社科类的专家，现在的两个厅局从社会社科文化层面进行了深度的融合。我在这里向大家汇报一下，接下来我们将对社会科学和自然科学进行深度融合，从单兵作战变成兵团作战。在这里我提三个主要工作目标：一是提高我们的政治站位，要有高度，要围绕浙江省委、省政府的中心工作，围绕科技文化强省的建设，聚焦人的现代化，以人为本，进一步加强人文素养和科学素养的融合，推进我省科技文化的发展。从先行先试到先行示范，因为我们浙江的天是全国人民的天。我们提出了社会主义新精神、共同富裕示范区，从而引导我们的科技工作者、社会科学工作者听党话、跟党走、为党干。科技人文要自立自强。二是进一步促进科技和社会科学的跨界融合，要有力度，要优势互补，体现我们的资源互通，人才互融。省科协有176个自然科学协会、25万名会员，下一步省科协也会有相关的软课题。它是面向人文社科和科技融合的，软课题的经费是8万—10万元，省科协每年有150万—200万元用于支持科研立项。希望在座的人文社科类专家如果感兴趣的话，可以关注一下我们省科协软课题的立项目录。省科协和社科联的核心工作其实是一样的，就是搭建平台，叫群团搭台、专家唱戏。三是要进一步做好暖心服务，体现温度。省科协将与社科联一起牵手体现我们群团工作交流的导向，为广大科技工作者建设有温度的科技工作者、社科工作者之家，用一如既往的服务、一以贯之的理念、一脉相承的态度当好"店小二"。最后还是那句话：生活之理想就是理想之生活。

郑晓东：感谢各位专家、学者和领导的精彩发言，今天这个研讨会确证了丹溪草老师说的规则的重要性。基于对规则的尊重，我们今天表现出高度的自制能力，在主持人几乎无所"奏议"的情况下，以自组织的形式开展了一次精彩的研讨。最后请丹溪草老师做最后的回应或总结。

丹溪草：非常感谢各位新、老朋友对我的关心、

邢纾漪　10岁　《银河系上的世界》

支持，正如我前面讲到的，大家都是我的贵人。从人性的角度讲，贵人其实就是一种关系。非常感谢院长、书记的到来，路上还克服了种种困难。我祝福大家在这块宝地上有更好的明天。

郑晓东：今天早上的研讨会非常精彩、深入。大家都有了新的收获和思考。

以自然为师——关于"自产食蔬"与绿色低碳生活的思考

丹溪草

人类源于自然，依存于自然。

生命科学研究新成果已经显示，近似人类或早期人类在地球已经有数百万年的生存历史，以往漫长的岁月里曾经发生过什么，显然还是一个谜。然而，在现代人类的文明史上，特别是在工业革命之后的几个世纪里，随着人工技术的日新月异，一方面，人类开始陶醉在"战胜自然"的欢呼声中，拥有未曾有过的自信；另一方面，也已有人日益感受到过度消费自然界所带来的重重困扰和被动，甚至预感到"四面楚歌"。

如何寻求出路，或者缓解困局？唯有回归对大自然的敬畏，以自然为师。在大自然这个魔术师面前，人类始终是个懵懵懂懂的"熊孩子"。

一、华夏族群传统的自然伦理

传承"天人合一"观的华夏子孙对于土地种植有一种先天性的执着。

"人法地，地法天，天法道，道法自然"，东方文明的智慧始终遵从大

王　涵　13岁　《混沌》

自然，万千年里，在"润物细无声，当春乃发生"的自然空间里积淀。

　　作为传统农耕文明族群，中国人把丰收的喜悦刻在基因里，即便是在科技日新月异、城市化进程不断推进的今天，依然有不少人沉迷于翻土、种菜。

如今高楼林立的城市，也阻挡不了中国人对土地种植的热爱。那些一楼带小院，抑或是有个超大阳台的房子，往往会比其他相同配置的户型更抢手。

关于这方面的相关报道也经常见诸报端：

中国丈母娘跑去某国，看望自己那与老外结婚并定居了的女儿。女儿一家住的是别墅，别墅四周的花园里满眼都是花。可是这位丈母娘来后看不过去，于是就开始每天拔一些花，然后悄悄地种上一些新鲜的绿叶菜。由于洋女婿也是每天早出晚归，并未发现，但一次假期在家时，他才恍然发现自己家的花园已经变成一片果蔬丰产的农田。

在土豪扎堆的迪拜有家出名的中国超市，中国人用骆驼粪改善了当地的一片沙漠，种出了新鲜蔬菜，被誉为"沙漠中的中国奇迹"。

在南极，科考队的专家们也自力更生地搭建了温室，在冰天雪地里种出了蔬菜，吸引了隔壁科考站的"毛子"来涮火锅、蹭饭。

前不久在阿富汗，有记者问起美军撤离后的秩序，接受采访的华人就说："中国人院子是不能闲着的，我们在里面种了些黄瓜、辣椒、西红柿，基本生活物资是有保障的。"①

即使是冒着生命危险，去海外执行任务的维和部队的战士们，在休息时也选择种点菜，改善下伙食，至少实现个"蔬菜自由"。

更令人骄傲的是，中国人在进入太空后，对于种菜的热情依旧不减。2016 年，航天员景海鹏就已经在"天宫二号"内种植了生菜。

这种对于泥土的特殊依恋、热衷自给自足的文化，渊源甚早。在古代

---

① 余勇. 阿富汗华商：政府军基本上就没打，这是塔利班的政治胜利 [EB/OL].https://www.guancha.cn/internation/2021_08_18_603387_1.shtml，2021.8.19/2021.10.2。

中国，远行的人们也总忘不了带上自己的"菜篮子"：

据明朝初年马欢所著《瀛涯胜览》，[①]考证出郑和船队携带上船的食物，除了盐、酱、茶、酒及饮用水，还包括较不易变质的干货，如米麦等谷物、豆类，晒干、腌渍等处理过的果菜、肉类和水产等。出海以后，生鲜水产可就地捕钓，被养在船舱；船上栽种部分蔬菜且养殖一些禽畜，并且还有专人负责；有专人负责大量的新鲜蔬果、肉类及饮用水等上岸时补给。

生产性农业的起步，"人类选择了一条减少对大自然依赖的道路"[②]，远古人类的生活由游迁转向定居。农业革命可以称为人类史上一次自律性的生产革命。农耕是人类改造自然的产物，然而，人们与大自然的相知却更加紧密。在之后的万千年里，人类通过粮食耕种、畜牧驯养、渔获捕捞，对自然界的认知亦不断提高，并建立了亲密的联系；智慧的人们依据二十四节气从事农业活动，农耕生产与大自然的节律息息相关，处处体现了人与自然、宇宙交融为一体的关联。

和谐共生的理念是中华文明的鲜明特征，这也是几千年农耕文明的内涵体现。春种秋收，农耕生产具有稳定的因果关系，把这种因果关系应用于社会价值判断中，就是"积善之家必有余庆，积不善之家必有余殃"。这种思想引导民众积极主动地自省向善、敬天爱人、守规克己，它既是形成和谐稳定社会的内在精神力量，也成为数千年文明坚韧不败的生命源泉。

农耕，本质上是顺天应命、勤劳耕作、勤俭持家、勤和为人，并形成勤劳质朴、谨慎节俭、自足自得、稳定求和、尊重传统、崇尚中庸、讲究内向、依附伦理的社会心理特征。而这些文化特征与道德标准就是不断衍生发展的耕读文明的丰富内涵。

---

① 马欢著，冯承钧校注：《瀛涯胜览校注》，华文出版社2019年版。

② 丹溪草：《人类命运：变迁与规则》，知识产权出版社2020年版，第45页。

农耕生活更是历朝历代士大夫的生活向往，"归隐田园""悠然见南山"成为他们功成名就后的生活选择。

陶渊明是古代士大夫中切身参加农耕，并用诗章写出躬耕体验的知名人物。田园诗是他的独创，在田园诗中以农耕为主题，更是陶渊明的独创。陶渊明不仅身体力行，亲自参与回园劳作和农事实践，而且在心理上完全接纳了这一活动，在诗中叙述了尽力耕作的乐趣，以致他的作品脍炙人口、家喻户晓。

《癸卯岁始春怀古田舍二首》其二[①]：

先师有遗训，忧道不忧贫。瞻望邈难逮，转欲志长勤。秉耒欢时务，解颜劝农人。平畴交远风，良苗亦怀新。虽未量岁功，既事多所欣。耕种有时息，行者无问津。日入相与归，壶浆劳近邻。长吟掩柴门，聊为陇亩民。

可以说，以耕读文明为本质的"儒释道"一体的中国传统思想，就是在农耕和氏族传统绵延赓续的基础上发展起来的。同时，兼容并蓄、博采众长的思想也反哺着农耕文明的发展。

农耕，奠定了华夏儿女质朴本真的民族特性，也滋养了华夏民族绵长的延续和成长。在农耕生活中，人们不仅获得食物，而且通过顺应天时的劳作，让身体与自然产生同频共振，以一种东方智慧与大自然休戚与共。几千年的农耕生活，不仅是中国人安身立命的根本，也是深入国人骨髓的生活方式。

因此，在农耕传承如此悠久的社会人群中，开展"自产食蔬"课题的调查研究是有着特殊意义的。推动这项事业的马惠娣老师，于2019年3—7月组织专门人员在24个省、自治区、直辖市着手田野调查，获取1188个有效样本资料。此间过程和相关成果本身，就已经为参与者和实践

---

① 陶渊明：《陶渊明集》，上海文艺出版社2019年版，第111页。

陈梓维　10岁　《思考者》

者拓展了健康有益的思维空间。

二、与岁月共欢愉

人类仿佛天生不属于安分和质朴的物种，有"忧患因子"①相伴随。这一点，在西方人类族群表现得尤其突出。早在古希腊文明时期，城市的形态和建筑就非常奢华，与之相适，放任纵欲的城市生活方式也已经确立，而且这样的人类生活一直绵延不断地被保存和丰富。当我们走进古希腊的城市废墟，除了看到完备的城市基础设施，还可以清晰地看到当时城市人们的一些生活方式：发达的洗浴中心、繁华的街区景貌、宏大且奢侈的建筑，以及斗牛场、剧院等齐备的设施，无不标志着当时人们就已经非常过度的娱乐和"逾矩"②的享受。这些通常被誉为"生活品质"的元素，早已成了自古以来城市生活方式不可缺少的内涵。

当然，人类要保障具有这样"生活品质"的生活方式，必然需要向大自然源源不断地索取财富和巨大的物质资源。人类正是在最近 200 年里，由西欧一个岛国起步，掀起了轰轰烈烈的工业革命。从此，"工人生产出巨大的物资和财富，汽车、火车、轮船和飞机则

---

① 丹溪草：《人类命运：变迁与规则》，知识产权出版社 2020 年版，第 35 页。

② 马惠娣：《自由与审美》，文化艺术出版社 2014 年版，第 211 页。

将世界紧紧连通在了一起，物质的繁荣带来的是人口空前的增长，人类处于一个空前繁荣的新阶段。同时这种物质丰富和技术进步使人类社会内在原有的平衡彻底掀翻。"[1]财富的快速聚集，以及整个人类社会对城市生活方式的追逐，亦如同疯狂的传销，使得人们开始争先恐后地远离土地，涌入城市，或者圈地形成各式各样新的城市。

而作为几千年农耕传承的中国社会，原本宁静悠闲的耕读秩序，也随着1840年的炮声，走上了被动的工业文明的道路，磕磕碰碰、曲曲折折地走了百余年。截至2011年，中国城镇人口首次占到总人口比重的50%以上，[2]这意味着，一个传承了几千年农耕文明历史的大国，真切地进入了以城市社会为主的发展阶段。

从人类历史角度来讲，工业化更像是真正地开启了潘多拉魔盒。工业化和城市化的成果在给人类带来各种欢愉的同时，一同送来极其不健康的生活方式，后现代工业文明的后遗症已经愈加显现。

北京大学公共卫生学院社会医学与健康教育系副系主任钮文异认为：城市化比例超过50%的背后是人们生产生活方式、职业结构及价值观念的深刻改变。城市中日益严重的环境污染与不良的生活习惯，是很多慢性疾病的诱因。

复旦大学哲学学院教授王金林认为：人们的预期寿命不断增加，但如今城市人群中亚健康状态非常普遍，"不健康的长寿"将成一大奇观。

现代人类的生活离土地越来越远，虽然走出泥土地，进入"水泥地"，

---

[1] 丹溪草：《人类命运：变迁与规则》，知识产权出版社2020年版，第245—246页。

[2] 汝信、陆学艺、李培林主编：《2012年中国社会形势分析与预测》，社会科学文献出版社2011年版。

却越来越不健康。社会的进步、物质生活的丰富、科技的发展，使人类一直生活在养尊处优的环境中。尽管寿命在增长，但是人们的免疫系统却越来越"先天不足"。许多人年纪轻轻，就出现腰膝酸软、须发早白、身体乏力、精神不振等状况，体质一路下坡，生活质量难以言喻。

中国心理学会心理学普及工作委员会副主任陈一心曾介绍说：中国符合世界卫生组织关于健康定义的人群只占总人口数的15%，与此同时，有15%的人处在疾病状态中，剩下70%的人处在亚健康状态。通俗地讲，就是这70%的人虽然没有器官、组织、功能上的病症和缺陷，但是自我感觉非常不适，容易疲劳乏力，表现为反应迟钝、活力降低、适应力下降，还常态地处于焦虑、烦乱、无聊、无助的状态中，自觉活得很累，很难体会到"生活品质"。①

现代城市生活方式的本质特点就是工业文明的附属环境，快节奏、高紧张度、压力大。处于这样的环境中，人们更加难以自律，既是因为受周边物欲横流的环境的不断熏养、影响，又是由于生存压力逼迫下愈加难挡的慵懒状态。人们疲于奔命地工作、生活，只能选择"快餐式"的休息模式，尤其是年轻人的"网生"等成为现实生活习惯，完全扭曲了人类作为一个自然物种最基本的正常生活规律。

看如今的城市人类，饮食吃快餐盒饭，出行以车代步，登高上楼坐电梯，吃喝进酒店，作息毫无规律，长期处于空调房中，面对电脑久坐不动，等等。至于生存环境污染、汽车尾气、不良娱乐方式、不吃早餐、昼夜颠倒等就更加习以为常了。

2010年在西安举办的全国心理健康指导与教育科普工作研讨会上，专

---

① 丹溪草. 自产食蔬：后疫情与碳中和时代的诗意栖居 [EB/OL].https：//zhuanlan.zhihu.com/p/398568836，2021.8.9/2021.10.29。

家指出：许多社会调查显示，在我国，城市居民已经很少吃杂粮，18 岁以下饮酒人数比例有增加的趋势。我国 18 岁以上居民中，有 83.8% 的人从不参加锻炼，经常锻炼（每周锻炼 3 次及以上，每次至少 10 分钟）的人仅占 11.9%。尤其可怕的是，这样的生活方式已经传导到下一代，中小学生由于课业负担，睡眠严重不足，十几岁就步入严重的亚健康状态。在大、中、小学生人群中，焦虑、抑郁、孤独、自闭等精神疾病越来越多，形势严峻。

有识之士认为，面对多种多样的亚健康状态，医学界也束手无策，几乎每种疾病都可能有与之相近的亚健康表现。强调治"未病"，甚至已经成为医学界包括医学教育界许多有识之士的呼吁。如何把 70% 的亚健康人群争取回到健康人群中来？[1]在改善保障机制和实现社会转型的同时，最重要的是要掀起一场关于生活观念、人生态度、生活方式的自我革命，应自省自救自律地关注自己和周边人的健康，克服和逃离亚健康状态，重新探求道法自然，与自然共命运，真正实现与天地达成情感深处的共欢愉。

三、返璞归真的智慧

中医认为：天人合一，道法自然，"以自然之道养自然之生"，顺应天时，合于阴阳而达到健康、长寿的目的。

大自然是人类生命之源，昼夜交替、四季轮回直接影响着人类的健康。饮食是维持生命的元素，人类行为顺应大自然的规律，饮食符合天地之气。

《黄帝内经》记载："上古之人，其知道者，法于阴阳，和于术数，食饮有节，起居有常，不妄作劳，故能形与神俱，而尽终其天年，度百岁乃去。"这里说的是上古时期的人能活得滋润快乐，就是因为他们了解了天地间阴阳的变化，并遵守这个规律。他们在饮食起居上能够自律，既不过度

---

[1]　陈竺编著：《"健康中国 2020"战略研究报告》，人民卫生出版社 2012 年版。

劳顿，又不会放任无节制。相比较，看现代人，道理就不言自明了，自然法度不再受遵循，这一切恰恰就是现代人各种不健康的根本原因所在。

鉴古知今，当然不是批评人类文明的进步，而重在纠偏与补救存在的遗漏。在医疗保健成为现代生活最兴旺的行业之一时，人们也在不断寻找其他方式的健康之路，尤其可以从古代智慧中寻找最本真的养生方法。其中，近年来由西欧兴起的园艺疗法大行其道，也取得了不少的研究成果和对生理、精神疗愈方面的实践性效果。

国内学者中，积极推崇园艺疗法的先行者是清华大学的李树华教授。他认为，园艺疗法的提法虽然起源于欧美，但回望我国历史，魏晋南北朝时期文人的隐逸文化，包括陶渊明很多诗歌描述的也都是院前屋后，精美雅致园艺与诗人内心碰撞出的火花。1000 多年前，西班牙的大夫让精神病人在田野间与大自然接触劳作，发现这对病人具有很好的安抚和治疗效果。简单而言，园艺疗法就是将园艺活动作为治疗病人的一种手段。后来园艺疗法在英国得到了进一步的发展，直到 20 世纪 50 年代，其作为一门独立学科在美国被正式提出来。

其实这种返璞归真的智慧，在工业文明历史并不长久的中国，一直存在着，并有着广泛且良好的认知基础。中国休闲文化研究中心主任马惠娣老师向我们普及"休闲农业"和"自产食蔬"的概念。就个人体验而言，大家都是非常熟悉的，利用房前屋后、阳台露台等自留空间，自给自足地种花种菜，搞点种植"副业"。但若从学术的视野去深入研究，其内容还真远不像我们认知得那么肤浅。在学习了马惠娣老师组织的"自产食蔬中国问卷调查数据分析"后，我也开始做一些实例调查，还动员一些实践者记录了过程和心得。

这是笔者的一位长辈，叫朱时兴，今年 74 岁。他认为"自产食蔬"最大的乐趣在：与泥土为伍适度劳作后，蔬果生长带来的精神愉悦；与亲朋好友分享劳动成果时，社会交流的愉悦；以及绿色健康食物带来的安心、安宁。

"20 世纪 90 年代起，武义县城里有一批自建房，屋顶用露台的多起来了，好处是屋顶露台可养花、种菜。我家房顶露台面积大约有 90 平方米，我就在露台上用砖砌了一个长 11 米、宽 2 米、高 0.4 米的围栏，堆上泥土用来种植。20 多年来，我曾在露台种过青枣、石榴、桔子、金桔、樱桃、无花果等，经自然淘汰，现在只留青枣、金桔生长良好，结果不衰。我还养过百余种花卉，种过瓜菜不计其数，每年必种的是丝瓜，因为丝瓜果期长，5 月下旬开始摘瓜，一直至 11 月，产量又高，自己吃不完，还可与亲友、邻里分享。长年能见到的是四季葱、韭菜。2018 年又将其中一半菜地围起，建了个养鸡棚，养了六只蛋鸡，盛产蛋期每天可捡四五蛋。打理好这样一个空中花园、菜园，可收获种瓜得瓜种豆得豆的乐趣，常年有花赏，并可吃上有机菜、生态蛋，有利心身健康，不也乐乎。"

这样情真意切、心情舒畅的文字，显然是情绪宁静时由心而发的。按照我的请求，他在记录自己的感受时，还介绍了当地一批共同兴趣者的活动情况：

"武义县里还有个养生协会，曾经筹备过一个养生农场，于 2012 年 5 月在原县南湖粮种场挂牌成立。当时与土地所有者——县里的城投公司协议，借用其征用未开发的部分抛荒土地，约定若征用土地启用，则城投公司无条件收回土地，不做任何损失赔偿。养生协会将这 40 亩土地，一半留给集体种水稻，另一半分给会员种菜，按自愿报名的原则分地，当时协会 220 名会员几乎全都报了名。荒地统一耕出，划块标签，每份接近一分地，抽签分给会员，按统一规定由会员自己整地。大家积极性非常高，很快整好畦地，种上各自想种的作物。刚开始，多数会员只种一样品种，后来会员互学、互仿、互帮，地里作物也随之不断更新优化。可以说平日里菜市场有卖的、菜农常种的，在当时养生农场里都可看到，瓜类、豆类、薯类、调料类、茄果类、根菜类、白菜类、绿叶菜类应有尽有，有的会员还种上杂粮、甘蔗、糖梗。大家乐在其中，起早贪黑也不嫌累，精耕细作，地里作物日日见长，作物主人个个开心。有会员还种出了一个7斤（1斤＝500克）重的大红薯。有一年我种的韩国品种白萝卜最重的达9斤。会员自己享用不完的劳动成果都会与亲友、邻里分享；新长出的蔬菜，有的会员自己舍不得吃，先送人尝鲜。"

"另外，集体种水稻，是请有经验的老农来指导的，大家集体参加劳动，收割的稻子加工成米，按成本价卖给会员，每年每人可以买50斤。这笔收益用来支付老农的指导费等开支。"

"当时的养生协会会员基本是退休人员，大多是各界具有某些专业技术的人员。这些人在当地的小'社会'里也都算有些影响力，又加上养生农场劳动果实分享的助推，鲜为人知的武义县养生协会当时名噪一时，请求参加养生协会活动的呼声高涨。大家认为参加协会既有活动又可劳动，还能吃上自己种的安全食品，太好了。据我平时观察，大家其实更看重的是劳动体验的过程，退休后多数人闲着无事，本来就想找点事做。养生农场创造了这个机会，让许多曾经的同行、同事、老相识在一起劳动，特别有意义。大家可以一边劳动，一边聊天；一边种地，一边教学；一边采摘，一边交换。有的干脆事先约好一起到农场，这种聚会式的劳动，使养生农场成了会员锻炼身体、情感交流、互帮互学的平台。一些会员通过农场劳动，身体和精神状况都明显好起来，以致后来养生农场因城市扩张需要停办后，大家反而觉得不适应了，许多人还自己向周边农户租了土地继续种。另外，会员农场劳动对家庭也产生很大的影响。种植品种一般都考虑家庭成员的需求，让家里人吃上喜欢吃的安全食品，从而也激发了家人对农场劳动的兴趣。所以，每到周末农场地里的人就特别多，有家人来帮忙的，也有来做伴的，还有小孩划了自己的园地，种上自己想种的东西。"

后边这一位是我的大学同学，名叫方学军，他爱好广泛，动手能力非常强，工作之余一直喜欢养花、种菜，这篇《种菜杂谈》，也是应我之邀写成的。

"种菜这事得顺其自然，房前屋后或家附近有合适的地方，侍弄起来才方便。我一个老领导，在几公里外弄了块菜地，正儿八经地把种菜当作一件要事来做，平时费工夫不说，摘个菜也得开车去。另外，一定要试种一两季，看看是否确实有时间、耐心、体力和兴趣。我一个邻居种了一年后果断放弃。我的菜地就在小区里，大约1.3米宽、12米长，春季种过黄瓜、辣椒、四季豆、茄子、西红柿、玉米、秋葵、地瓜、苋菜、空心菜、生姜、大豆等，偶尔也种南瓜、丝瓜，但场地所限收获一直不理想；夏末种大蒜、胡萝卜、韩国萝卜；秋天主要种花菜、包心菜、香菜、生菜、菊花菜、三月青、雪里蕻和各种青菜，撒播的一般是火锅菜，移栽的是个头较大的油冬菜，下霜之后菜梗变软并带有甜味，是我家冬季的主打菜，百吃不厌。"

"如果种菜也算技术活的话，那么主要体现在这几个方面：一是土壤。每季开种前加入有机肥，与土壤充分混合，可多可少；要适时翻晒，每季作物收掉后，深翻暴晒，据说阳光是可以改善土壤结构的；种生姜之类，最好是沙质土壤，可以大量掺入。二是肥料。最方便的是复合肥和尿素，我用菜饼居多，用大桶按一定比例沤上，2—3个月后稀释使用。施肥的关键是保持肥料与植物根部的距离，最好是在两个植株的中间，不要怕远。曾经有个邻居为了让菜长得快一点，直接施在根部，结果全军覆没。草木灰是最安

全的，既有一定肥力，又能改善土壤，还有一定的杀菌作用，确实是个宝。三是时机。一定要提前整理好土地，留意天气预报，尽量安排在下雨之前种，刚买的菜秧最好在下午种，避免刚种下就被曝晒。四是器具和药物。深翻用锹，但老农喜欢锄头。竹竿、保温膜、除草膜、防晒网都会用得到，以前我是去小码头买豆架杆，再后来自己去山上砍，现在是网上买。四是防虫害。自己种菜首要就是为了绿色有机，很多人会拒绝用药。但其实只要科学用药还是可以远离那些非健康物质的，尤其是对付果蝇之类的，物理

徐芷昕　9岁　《外星兽》

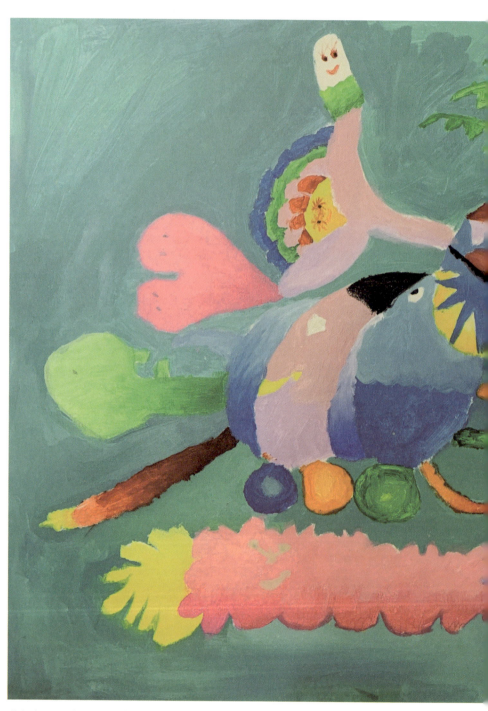

柴伊伊　8岁　《全家福》

除虫剂非常安全，淘宝上就可以买到。上面这些看似复杂的其实都不算麻烦，我种了 10 年菜，就跟野草搏斗了 10 年。除草是最累的，有的年份，一个平方的草一个小时都弄不完，直到现在我都没用过除草剂，据说它的降解周期特别长。今年第一次用除草膜，还没最后看出效果，但比不用肯定好很多。从体力上看，腰好就行，不需要什么特别的，不过如果水源比较远，倒是一个考验。"

"如果种菜的热情和兴趣能持续几年，一般就不会放弃了，当它成为一种自然习惯的时候，菜场就会离你越来越远。只有吃上自家产出的蔬菜，味觉才得以满足，肠胃才觉得舒适。去年疫情期间，我给朋友们送去了两批抗'疫'蔬菜，至今还被赞扬。就这么点地，却有如此多的馈赠，想想都觉得神奇，土地给予我们的远远超出我们所看见的。"

从这些文字里，我们明显可以感受到，他们享受那种与花开花落、结果收获共欢乐的灿烂心情和自在状态。

陈英杰、李享的"自产食蔬"中国问卷调查数据分析表明，近 80% 的受访者乐于分享自产的食蔬，且近 80% 分享给家人、亲戚和邻居。

该调查还表明，"获得健康食物"和"获得新鲜食物"分列自产食蔬原因重要程度的第一和第三位；"省钱"排在第二位，体现了节约精神深入人心；"爱好"和"延续家庭传统"分别排在第四和第五位，呈现出自产食蔬群体的休闲心态。

因此，比较园艺疗法，异曲同工但更具东方智慧和传统基因，且有着食蔬收获和食用、分享等更独特的休闲式农耕疗法，适时而生。

农耕休闲体验的实践，让日常生活"慢"下来，让身心融入自然，特别是眼见植物一日日萌动变化，用饱含着生命的意识，感受万物生长，从而渐渐重构人的精神世界，实现内心世界情感和情绪的平静、美好的充分表达。

看了知名网红李子柒的田园生活，不少人都说很治愈，那到底治愈了什么？想是唤起了国人骨子里对娴静恬淡生活的向往，那种天人合一的生活可以纾解生理和精神的伤痛。人们渴望回归自然、回归田野。看山观水、栽花种菜，只是简单地与大自然接触，我们的心灵就可以获得平静、舒适，身心状态就会得到很好的调整，注意力、情绪感受、疲劳状况、睡眠质量都会得到改善。更何况"自产食蔬"的劳作，是人们参与其中、与自然生物体融为一体的交流互动。

人之所以由衷地亲近大自然，是因为人和泥土、绿色植物之间有着潜在、深层的天然联系。美国生态心理学家罗杰克在他的著作《地球的呐喊》中，称这种"忠于地球之心"为生态潜意识，这应该是千万年里沉淀在人类基因内的一种既有记忆。这种记忆让我们心灵深处渴望与大自然亲近，所以，贴近泥土、走进绿色大自然的那一刻，我们的天性便得到了释放，灵魂深处的渴望得到了满足，愉悦、幸福的感受便会悄然回归。

但是现实生活已经疲于奔命，何来闲情逸致？实际生活中，我们每天忙于工作、忙于应酬，更没有能力在城市的蜗居中有自己的菜园、花园……总感觉这种内心期许的生活离我们太遥远了。

其实，我们并不是缺李子柒的生活方式，而是在现实环境里迷失了自我，缺乏接受这种生活的坚定态度和自我疗愈的方式，说到底是缺乏一种与自然共生的意识，一种对真实自我的深刻认知，以及一种战胜自我的"断舍离"的勇气。

只要我们自己确立了自我康养的生活观，即使没有能力拥有一块自己的"自留地"，方寸之地依旧可以成为我们的"田园"。我们可以欣赏一盆西红柿爬满阳台围栏，可以浇灌一槽玉米迎风摇曳，可以看到废旧木桶里马铃薯生机勃勃……

看着它们发芽、长叶、开花、结果，感受它们每天的成长，你会发现病痛和疲惫不知不觉地消失了。

当我们捧着充满泥土味道的收获时，细心品味，开心分享，幸福不过如此。

释放我们的农耕基因，结合都市生活的特点，一种新的生活主张和方式你我都可以拥有：休闲式农耕，没有获取生存物资的渴求和压力，没有辛苦不堪的劳作，一切适时而为、适可而止，既可陶冶情操、锻炼身体，又能缓解压力、纾解病痛。

当然，这种拯救自己内心世界的改变和坚守，也不是那么简单的，但是没有外人可以替代。

四、勤劳节俭的人性表达

利用闲置空间种植各类蔬菜作物，可谓新时代的"自产食蔬"，是休闲式农耕最简便可行的实践方式。

从学术意义讲，"自产食蔬"这课题，已经涉及生活哲学、自然哲学、生态多样性、环境伦理、资源循环、生活美学、休闲生活方式、闲暇时间利用等跨学科问题。

从康养角度看，"自产食蔬"不仅承担自给自足的角色与使命，而且对协调人与自然的关系，对美化生活、对闲暇时间利用、对人的身心健康都有极其重要的意义。

从实践效果看，"自产食蔬"的课题在欧洲已经有了十余年的调查和研究。研究成果对于经济社会的可持续发展、生态环境保护、减少碳排放、健康休闲方式的建立、降低居民抑郁概率等都有明显的积极作用。

中国自然辩证法研究会休闲哲学专业委员会研究员马惠娣是在国内最早介绍和研究这一课题的，她说："这项研究看起来很小，但是能以小见大。特别是当前在我国，生态环境保护、美好生活理念、健康休闲方式等越来越得到广泛的重视，在我国进行推广研究有着特殊的意义。"[①]

中国科协原书记处书记沈爱民表示：房前屋后种菜，看起来都是小事，但这项研究是以小见大，以"微观"铸"宏观"。特别是，生态文明建设是我国的基本国策之一，关系人民福祉、民族未来。"自产食蔬"则体现了公众对这项国家战略部署的呼应与践行。[②]

居一隅而享天地之妙，即便是小小的阳台，不仅能满足自己"采菊东篱下，悠然见南山"的田园梦想，也能以小见大地感悟、体验天时轮回万物生长，亦能品尝自己汗水浇灌的果实。

"自产食蔬"，既是一种文化遗产，也是一种生活方式，与其说它是人类维系生存的生活智慧，不如说它讲述了人类文明进步中土地与生活的历史逻辑，讲述了人与自然关系和谐。很多朋友在辛苦了半辈子后，开始渴望简单纯粹的生活，归隐田园。既然这是我们向往的生活方式，那为什么

---

① 李寅峰."自产食蔬"国际合作田野工作培训班暨乡村地理国际学术研讨会在贵州师范学院举办 [EB/OL].http：//www.rmzxb.com.cn/c/2019-03-27/2319359.shtml，2019.3.27/2021.10.8。

② 李寅峰."自产食蔬"国际合作田野工作培训班暨乡村地理国际学术研讨会在贵州师范学院举办 [EB/OL].http：//www.rmzxb.com.cn/c/2019-03-27/2319359.shtml，2019.3.27/2021.10.8。

不一开始就做出这样的选择呢？

毕业于香港大学教育系的莫皓光先生，还拥有香港浸会大学的硕士学位。但是，他并没有像寻常人那样，在城市中从事"体面"的工作，而是隐居郊外，选择当一名农夫，和太太、儿子一起，过着贴近自然的简朴生活。

17 年来，他没有买过一件新衣服，也没有想过买房、买车，一家三口每月的开销只需 2000 元。有了孩子后，一个月也就多花一两百元，这在物价水平极高的香港实属不易，但他们一家却觉得格外幸福。

"身边好多朋友在城市工作了大半辈子，都想归隐田园，我觉得既然田园生活那么好，那为什么不一开始就过呢？"

这样的人生哲学问题，实在无解，也没有统一答案。说到底，取决于有没有马惠娣老师说的那种"以欣然之态做心爱之事"[1]的人生境界。

这种生活方式的选择，是一种脱离了外部压力干扰的自觉、自律、自在的行为，是一种内心情感和情绪实现得以美好表达的状态。

无论善或恶、欲望或节制、物质或精神，都是人性内在的表达。客观环境其实就在每个人的内心，但是决定不了其他人的内心。

在新冠疫情暴发的日子里，城市里超市物资被疯抢，那种连方便面、土豆都抢不到的画面，很多人应该记忆犹新。

说到底，人生道路还在于自己的选择。

五、全面放开后的新休闲模式

新冠疫情期间，在"封城"的社区里，很多人有过不能出门购物、等待被防疫人员"投食"的经历。在国内疫情控制良好的情况下，部分地区依旧由于各种问题的疫情反复而短暂性封闭，用调侃的话说就是"一觉醒

---

[1] 马惠娣：《自由与审美》，文化艺术出版社 2014 年版，第 4 页。

来，出不去了"。

尽管部分家庭的主食、鱼、肉充足，但是想吃到自己喜欢的蔬菜有点奢侈。因为在各种物流受限制的状态下，任何"时令"都是超级昂贵的。

如何能在突发状况下从容地享受生活，闭门不出依然能享用到新鲜的食物？"自产食蔬"成了很多人的选择。

有外媒报道，这次新冠疫情的暴发，也坚定了城市居民在家里种植水果和蔬菜的意愿，从而为城市农业提供了一种潜在而持久的活动。

泰国曼谷建设了亚洲最大城市屋顶农场的景观，推动城市反思土地利用方式，增强粮食安全，减少气候变化。

新加坡原先有90%以上的食物依靠进口，如今"垂直农场"和"屋顶农场"在内的城市农业正变得热门起来。

在英国，"采摘果蔬"正在成为一门新职业。英国种植业协会提供的数据显示，英国的农场常年大约需要7万名工人。受疫情影响，雇佣海外劳动力极度困难。如果没人及时采摘，成熟的果蔬就会烂在地里。

英国和捷克学者的调查显示，在捷克、匈牙利、波兰、克罗地亚等国家中约有40%的城乡住户开辟了"自产食蔬"园地，其中"防不时之需"仍是许多家庭的动机选择。

中国淘宝《2022阳台种菜报告》显示，淘宝卖出的种子中，60%被"95后"买走了，种菜人群越来越年轻化，由此亦可见年轻人的智慧。而种子热销榜上排名前10的是香菜、韭菜、西瓜、辣椒、生菜、青菜、葱、番茄、樱桃、萝卜、苋菜等种子。与生活的快节奏一样，大多数年轻人还是比较喜欢好种活、周期短、迅速收割的种类。

当然，对于今天的城市年轻人来说，他们不追求产量多少，享受的只是开花、结果和收割的过程，每天都能看到生命的成长，感受大自然神奇力量的欣喜，身心倍感愉悦。

这次疫情加速了"自产食蔬"走进都市生活，人们利用自家空地和阳台，实现部分食蔬的自给。

在碳问题日益严峻的背景下，"自产食蔬"作为一种健康的生活方式，使人们即采即食、足不出户就能吃到健康营养的有机蔬菜，不仅可以节约一笔菜钱，而且可以锻炼身体、改善小环境，更可以缓解工作压力，可以寻根安神、增智益脑，与家人一同享受绿色生活带来的乐趣。

对于有小孩的家庭而言，参与劳动可以让孩子了解大自然，获取植物生长的知识，培养孩子勤劳、珍惜粮食的品格，锻炼他们的耐心和爱心。

国际医学界的众多研究报告显示，食物与人们的情绪之间有着密切的联系。健康的蔬菜含有抗抑郁物质，能够让人的情绪更加平和、稳定。现实生活中，各种食品的安全问题本文就不去讨论了。这说明我们一日三餐都在摄入的蔬菜的质量优劣，直接影响到我们的情绪和生活及智力状态。"自产果蔬"对精神类疾病和各种慢性病也有着极好的治疗调理作用。

六、结语

进入后工业文明，在人们享受到丰富物质的同时，也养成了过度依赖感官的习惯，并丧失了休闲作为生命本能的本真价值，甚至误入依靠医药和保健品维持生命的歧途。因此，应以自然为师，传承华夏民族数千年农耕文明的精华，真切回归精神愉悦的美好生活。

而"休闲式农耕"的体验必然更贴近大自然，"自产食蔬"不失为一个较好的选项。"自产食蔬"并非倡导回归自给自足的小农社会，而是基于对生命的本真认知，通过自在地感知自然万物生灵和审美的力量，进而形成一种满足精神寄托、自我疗愈，又实现低碳、救赎灵魂的生活方式。

人们重新认知自然，应由敬畏和尊重走向德行，摒弃工业文明以来人类以自我为中心的思维定式，接受生态中心的客观事实，并实践和体验休

朱伊菲　9岁　《火烈鸟》

闲状态的生活方式创造的新价值、新产业、新经济，甚至一种新型社区和更加美好的价值观。

在进入全球气候危机、灾难不断的历史阶段，选择绿色低碳的生活方式、科学休闲的价值已经到了人类生存救赎层面的意义。每一个人、每一小步的节能，都与碳紧密相关，完成碳中和的任务虽然非常艰巨且漫长，但事实上也是到了刻不容缓、必须身体力行的时候了。

人类会走向何方？

古　梁[①]

去年冬天，丹溪草将他的新著《人类命运》寄赠与我，半年多来我断断续续地翻阅这本书，当我合上书的最后一页，已经是今年梅雨的季节。我忽然觉得这本书，每一页都那么沉重，每一页都是历史的尘封，让我陷入了深深的沉思。

当人类走出蒙昧的时代后，一个问题一直摆在人类的面前：走向何处？怎么走？大自然向人类的命运发出了一个十分严峻的挑战。

这就是人类的命运。生存，就要挑选一条路，而这条路从来是曲折艰辛、充满生死存亡的。无数的未知，无数的迷茫，在等待着人类。

大自然一次又一次地让人类选择命运生存的规则和

 　古梁，原名邬浩良，当代诗人、地方文史学者。

陈欣苗　11 岁　《一只鱼的梦想》

变迁的道路，从远古直到今天，一刻也没有停止过！去年正值新冠病毒肆虐在神州大地之际，丹溪草将这一本沉甸甸的书，摆在了我们面前。选择，彷徨，还是不屈地斗争，丹溪草给出了最好的回答：向人类命运做顽强的挑战，因为人类命运的选择，从来不会投降、不会退缩。他告诉我们：人类命运只有遵循变迁与规则，从人类诞生那一刻起，几百万年来，人类就没有离开过这一条颠扑不破的真理。

丹溪草，曾与我先后在一个政府部门工作过。后来他去了另一个市担任市长，我去这个市出差，他闻讯后，热情地请我喝当地有名的杨梅酒。10多年过去了，我们再也没有谋面，然而他寄给了我这一部思考人生的大作，除了让我沉入友谊的情谊中，更重要的是让我深沉地去思考人类命运的这一永恒的主题。

读《人类命运》有感

丁康辉

2021年2月2日下午，天气很好，办公室外面的马路也分外安静，我坐在温煦的阳光下把《人类命运》这本书看完了。初读时不识文意，总感觉晦涩难懂，几乎是"硬着头皮"啃下去的。但当我读到熟悉的父权文明时，突然就来了兴趣，也发现了书中的逻辑：丹溪草先生从社会动物入手逐步将话题转移到人类社会，从蜜蜂的命运联系到人类的命运，再到未来人类命运是否还会继续美好下去。我长叹一声："哦，原来是这么回事。"姑且我就"自我主张"将这书列为哲学类的历史思考书吧。

前面我提到硬着头皮还能读下去的主要原因是，文初丹溪草先生提到的"宽慢来，弗着急"这个观点。亲切的义乌方言，让我在翻开书的那个瞬间似乎学到了什么，所以我就有了继续读下去的欲望——无非就是想在书里找到想要的答案。人类几百万年的变迁发展从本质上来说都是一步一个脚印的。现在社会上很多人形成了以金钱为标准的价值观，但金钱的欲望总归满足不了精神上的空虚。现在的你或许会羡慕别人，但别人何曾不羡慕你现在的生活，正所谓知足常乐。正巧最近看了一部纪录片《人世间》，里面的人只能用"可怜"来形容，他们忙忙碌碌或许只是为了生活更好，抑或只是为了治病，但当我每次看到他们脸上出现笑容的时候，听到他们喊出"我只是想活着"的时候，我泪流满面。相对于他们，我们常人的生活已经很幸福了，我们只需要热爱、激情、责任、努力，就会有更美满的生活，而他们却连活着都变成了一种奢望。

2019 年底，新冠疫情暴发，夺去了不少人的生命。中国以人为本，把尊重生命作为最高的治理理念，很快便把疫情控制了下来。世界是个共同体，人类对未来美好的期望会因为新冠病毒改变吗？我想不会。因为这个世界多好啊，有这么多努力让这个世界变好的人。曾国藩的 16 字箴言说："物来顺应，未来不迎，当时不杂，既过不恋。"这很符合我现在的心境：凡事要顺其自然，坦然面对；活在当下，不过度担忧未来还未发生的事；要心无杂念地做好眼前的事情，不要去留恋和纠结已经发生的事情。因此，我们不必患得患失，正所谓"成大事者不纠结"。或许这本书给你最大的收获是：不虚度时光，只珍惜当下；既能拿得起，又能放得下。人的一生最怕的就是犹豫不决、瞻前顾后，长此以往必定会顾此失彼、停滞不前。就像很多人经历过的一样，错过的不再回来，回来的也未必完美，拥有的就好好珍惜，遇到开心的事就狠狠地笑，遇到不开心的事就痛快地哭，用最好的心态活出最美的自己。

王浩然　8岁　《浩畅想》

孙启纭　12岁　《家》

　　大学毕业参加工作至今已六年有余，我努力过、成功过，曾经开心到睡不着觉；也失败过、惆怅过，曾经难过得睡不着觉。感谢那个曾经那么努力的我，谢谢你！现在的我依然在努力，希望未来的我也会谢谢现在的我。同样也感谢那个失败的我，谢谢你！因为你让我知道了"不以物喜，不以己悲"，让我能及时调整心态、应对困难。余华先生曾经在《我们生活在巨大的差距里》写到区域之间的不平衡、经济发展的不平衡，以及个人生活的不平衡，最后连梦想都不平衡了。在这本书里他举了一个例子：六一儿童节中央电视台举行小孩专访活动，北京的小男孩想要一架波音飞机，而西北的小女孩想要一双白色的球鞋，这两样礼物对他们来说都是遥不可及的，但是白色球鞋对北京小孩来说太普通了。巨大的贫富差距让大部分人无能为力，但我们可以"居庙堂之高则忧其民，处江湖之远则忧其君"，快去做一些力所能及的事情吧。

　　现在的窗外已经很黑了，远处传来了毛不易唱的歌："像我这么优秀的人，本该灿烂过一生……"

"人类综合焦虑危机"的自我解码

吴警兵

丹溪草在《人类命运》的结尾部分提出：人类站在新的十字路口，必须团结面对四大共同敌人，才能守护人类文明。除了贫困危机、自然环境容量危机和人类文明自毁危机，笔者以为，人类综合焦虑危机正更深刻地影响着人类自身的发展，因为人的危机才是真正的危机。

人类综合焦虑危机的核心是"焦虑"，焦虑来自人类在生产、生活过程中累积的负面情绪，并作用于心灵或行为所表现出来的不可控状态。

在这种状态下，必须引入一个能调节身心或行为的合理机制，从而实现危机来临前的自我有效把控。当下，人类综合焦虑危机产生的根源不外乎以下几种情况。

一是来自物质的因素。从互联网进入人们的生活到现在的 5G 时代，科技改变了我们对物质世界的认知。这种视野的开阔，一方面丰富了人们的生活和认知，另一方面揭示了人们的局限性，扩张了人们的欲望，从而在人们生活内部建立起一对新的情绪矛盾体，这一情绪矛盾体的产生就缘于人们对世界认知的扩展这一现实背景。除了在空间局限上自我认知的变化，

项语心　7岁　《月亮与花》

对物质世界认知的不断深化，也切切实实地给人们造成了新的逼仄感，这对不断追求生活质量的人们来说无疑是负面情绪的"雪上加霜"。

二是来自认知的因素。人类对自身认知的局限性始终是无法违避的事实。在这种情况下，我们对于突如其来的灾害就会无所适从，继而产生恐惧、焦虑等情绪；特别是面对生老病死时，我们根本无法战胜时间的惩罚、人生的宿命。加上生活中的种种不如意，认知的局限和偏差就会把人的自身内部击穿，并引爆本就不稳定的情绪波浪，搅起焦虑危机的内生动力。

三是来自心灵的因素。心灵是由有关人类身体的观念所构成的，是一个人由内而外抒发和由外而内省察的驿站，它需要不断地添加润滑剂，以保证其柔韧性和敏感度。现实生活中，来自外部与内部因素的双向挤压，使得"润滑剂"越来越粗粝，其柔韧性和敏感度一再遭受破坏。比如，新冠疫情的突然来袭，让人一时无法适应。在这种状态下，人们的焦虑情绪无法抑制地弥漫开来，充斥生活的方方面面，给人类生存环境带来空前的挤压和困扰。

有关资料显示，人们90%的时间是在盲目或不知所措的焦虑中度过的，但其所焦虑的事中90%没有发生，却白白耗费了90%的人生。也就是说，我们每天所焦虑的，大多来源于无限放大的问题点和恐惧感，即对于一些我们无法把握之事，容易产生自己吓自己的情绪，这一吓，焦虑就来了。那么，当焦虑危机来临时，如何给自己一个缓释空间或有效解码，从而及时地避免陷入危机险境呢？笔者认为，可以从以下五个方面做些努力。

解码一：贴近自然而自在。唐朝文学家、哲学家刘禹锡谓："以闲为自在，将寿补蹉跎。"随着现代人们工作节奏和生活节奏的加快，整天的忙碌容易使人处于亚健康状态。然而，人们已成了工作这台机器上的螺丝钉，生活也失去了应有的色彩，落入了过度紧张情绪的险境，要适度把握它已十分困难。因此，让自己贴近自然而产生自在的愉悦情绪迫在眉睫。费尔巴哈认为："唯有自然的变化才使人变得不安定，变得谦卑，变得虔敬。"人类忽视自身对自然依赖的事实后果严重，及时回归正常的人与自然的关系正当其时。在胡冬林新书《山林笔记》的分享会上，著名诗人徐敬亚说："每个人都可以随意地进入森林。"我想，这样的森林，每个人都有属于自己的那一片；这样的随意进入，每个人都应该早点找回自己的那把钥匙。

解码二：学会自信而自如。宋代诗人王安石说："我心得自如，今与子相随。"而斯宾诺莎则认为，人心有认识许多事物的能力，如果他的身体能够适应的方面愈多，则这种能力将愈大。这里的"能力"，与人心天然内存的自信互为依辅。一个人越自信，做事的底气就越足，相应地，抵制焦虑情绪的能力也就越强，工作起来就越得心应手，生活起来也就越舒心自如。

解码三：懂得自觉而自珍。这里的"自觉"是指自己有所认识而觉悟，包含人的内在自我发现和外在创新的自我解放意识。"一切事物，如果不能通过他物而被认识，就必定通过自身而被认识。"荷兰哲学家斯宾诺莎向我们强调的就是"自觉"在认识世界和事物过程中的重要作用，这种作用既是途径，又是内在规律。比如，当情绪快崩溃时，我们就要提醒自己该换换"秉性和对待事物的看法和认知了"。我们只有具备、懂得这样的"自觉"，才有可能产生"自珍"的品格，有如杨万里的"味苦谁能爱，香寒只自珍"。在这种品格的润泽下，焦虑情绪就会失去滋生的土壤。

解码四：适时自嘲而自得。唐朝文学家、思想家、哲学家韩愈诗云："念身幸无恨，志气方自得。"据分析，大多数焦虑情绪的产生，都跟负面悲观的认知能力和多疑敏感的性格有关。从这个意义上来看，我想最好的办法就是适时地给自己制造一个自嘲的情境，并从自嘲中分泌出"自得"的舒缓情绪，从而达到释放焦虑情绪的目的。费尔巴哈说："如果太阳老是待在天顶，它是不会在人心中燃起宗教热情的火焰的。"如果故步自封，对什么事都钻牛角尖，一根筋硬到底，那就会像老是待在天顶的太阳，面目可憎；

如果能够适时地自我解嘲，退半步就可能海阔天空、心情明朗。

解码五：勇于自助而自安。宋代诗人邵雍认为"心安身自安，身安室自宽"。想要缓解人类的焦虑危机，还需要勇于寻求自我救助，从而实现自我安慰的良好情绪状态，这也是"自我解码"的一道"退而求其次"的屏障。缓解焦虑的最好自助办法是放过自己，放下所谓的面子，适当地降低要求，向现实妥协并接纳自己。"人身需要许多别的物体以资保存，并借以不断地维持其新生。"斯宾诺莎说的仿佛正是这个道理。

文明的钥匙掌握在人性的温暖中

文　思

　　庚子年末，知识产权出版社出版的《人类命运》在全国公开发行，引起不少读者的关注，一度位在"当当网"的新书热卖榜，还名列历史书籍的第81位。

　　这在当代学者著作中是不常见的，可见《人类命运》是一本有意思、有智慧的书。笔者阅读《人类命运》发现：写的是从前，探究的是未来；表面讲的是规则，内里含的是哲理。网上许多人称这是东方人写的一部新"人类简史"。

　　全书从社会动物起笔，历经部落文明、父权文明、王权文明、资本文明、理想秩序追梦，沿着历史演化脉络循序渐进，展现了人类进化的自然规则、社会规则。正如当代知名摄影家李炬在微信朋友圈评说的："这本书不是学术理论著作，却又充满了厚重的学术元素。""作者旁征博引和深刻思考，提出一些假设和猜想，观察分析并独立思考，加以解释归纳，读来觉得很合情理。"比如，书中对人类存在特有忧患因子的假说和思考，作者认为人类之所以有强烈的危机意识，不断想方设法超越，是因为原始人类

朱彦蓓　10岁　《百鸟朝凤》

长期处于安全感缺失的状态。

跨物种跨学界的研究视野、宏大清晰的知识架构并不是该书的最可贵之处。书中的妙语连珠、对历史的精彩剖析，以及评述规则的许多独到见解，常常让读者产生心灵深处的共鸣。作者的初心不是为了讲授知识、评功论过，而是呼唤群体与个人借此打开思考的大门，都能从历史中照鉴一二，启迪当下。

关于对人性的原生属性和变迁属性的新见解，作者认为人类的进化和人性的变迁具有双面性，进化和退化都只是客观认知的一个侧面。作为大自然的一部分而言，人类应该接受大自然自由公平法则的约束，从公义的角度去分析和判断原生属性的人性美。

"规则"两字，与其说是人类在漫长进化中形成的生存法则，倒不如说是经年累月的约定俗成与经验智慧，是人性为了生存撕扯平衡后的复杂产物，自有机缘。"比较自然、自由而言，任何规则总是残忍的，所谓规则，就是为协调个体、自然、社会之间对内和对外的各种关系，以维护共同利益而形成的基本约定。"笔者查遍各种资料，还未曾发现有如此透彻又简约地概括"规则"的。

事实上，人们总是在回望时才发现，历史上的大事件往往有迹可循，仿佛印刻在命运肌理中，逃不开"重蹈覆辙"的命运。

正视历史、尊重规则，更加完整地反思，更加谨慎地行动，是有影响力之人的责任，但也不仅仅是他们的责任，事实上关乎每一个人。

人终其一生是认识自我、找寻自我的过程。明白自己是什么、要什么、愿意舍弃什么是个终身命题，随着时间、经历、心态的变化，不同年龄、不同身份、不同心境之下的人会有不同的选择。在上了一定的年纪并拥有一定阅历后，依旧保持对美好的向往、对历史的尊重、对人性的理解、对规则的敬畏、对选择的审慎，这样的人是可贵的，也是可敬的。

人类命运的走向凝缩在个体的选择中，文明的钥匙掌握在人性的温暖中。

创造与文明、风光与辉煌，值得肯定，但也终究是浩瀚历史沧海中的一粟。用心了即是真。直面欲望与不足，积攒解决问题的勇气与能力，对世界、对他人再多一分感同身受，真实、真诚地活着，是对人类明天何去何从的最好回答。

对于个体来说，好好活着、认识自我、接纳自我、理解他人，是最重要的人生功课。同样地，对于人类群体来说，在生存的基础上，找寻适合长远的发展方向至关重要。

2019 年暴发的这场新冠疫情，已经给人类上了生动的一课。也许因为疫情的特殊性，读《人类命运》，很多人还有了一些特别的感悟。西方文明在疫情面前的溃败证明了：在这个步履匆忙、唯"成功"论的时代，敢于停下思考，是需要勇气与智慧的，但也是"磨刀不误砍柴工"，更是不忘初心。

陶心怡　10岁　《精灵》

如丹溪草所呼吁的那样：认识到自己的渺小，这个世界一定会更美好。万丈高楼平地起，荣光的背后是无数的汗水。"宽慢来，弗着急"，保持平和的心态与客观的认知，更有助于一步一个脚印、踏踏实实地往前。

反思使人进步。愿人类以此书，放慢脚步，回归初心，有所思考，抱以最真的美好，尽最大的努力。

疫情之下家庭、教育如何安放？
人类学学者这样看

谢逸楷

近日，浙江图书馆举办"'文澜约书'——家庭、社会与教育——从《人类命运》说起"人文交流分享活动，邀请《人类命运》一书作者丹溪草，与杭州电子科技大学社会学系副教授刘涛、浙江工商大学休闲研究中心副教授周鸿承就疫情背景下人类局限性、家庭社会教育之现象等话题进行探讨解读。

《人类命运》于 2020 年完稿成书。该书参考大量史实，按社会动物、部落文明、父权文明、皇权文明、资本文明的演进过程，跨学科、多视角地梳理人类文明发展史，提供了从宏观层面认知自我的视角，倡导人们要放慢节奏，让脚步与灵魂保持同一节拍，更好地尊重自然、感悟自我，共同构建人类命运共同体。

作者丹溪草从家庭、社会与教育三个维度解析了人之于社会中的困惑和作为。家庭是社会的最小单元，东西方不同的文化背景对家庭有不同的理解，进而构建出不同的社会环境。西方文化的基础是从希腊文明起源的贸易关系，强调在流动的交易中实现文明的延续，因此西方所主张的扩张，实质上是打开市场，通过贸易的手段完成原始积累；东方文化的基础是农耕文明，从部落时代延续至今，强调耕读传家，古时帝王遵循家天下的理念治理国家，以爱家的情怀爱天下。

这种文化背景所导致的对家庭关系的不同理解，可用一个例子来形象反映：外国父母与成家的子女住在一起是一种另类，而在中国则不然，子女若拒绝与父母同住会被认为是不孝。丹溪草认为，中国是依靠情感维系的熟人社会，而西方则是以贸易基础构建起的陌生人社会。随着现代文明的发展和城市化进程的加快，越来越多的中国人通过迁徙来到城市，从熟人社会向陌生人社会转型。这种转型过程中的不适应，引发了系列焦虑和困惑。

教育对人最大的意义是加深对自我的全面认知。丹溪草表示，人对自己的认知是有局限的，通过教育可以发掘爱好、提高对大脑的开发程度，进而完善对自我的认知。但是在当今焦虑浮躁的氛围中，学生学习文化课的压力很大，没有太多时间依据兴趣自由学习，教育没有充分发挥出它应有的作用。

近年来，国家也关注到教育的问题，不断提高体育、艺术等非文化课的分数比重，但教育问题光靠政府层面发力还不够。丹溪草认为，教育问题需要全社会共同面对，全社会在理念上要认知到教育的真正作用，家庭及个人应该发挥主观能动性，改变把应试教育作为培养孩

方雨嘉　10岁　《悬崖上的友谊》

子唯一路径的定式思维，支持孩子课堂外的活动和爱好，才会让孩子的未来有更多选择的空间。

　　快，是当今时代的主基调，而抚平浮躁、洞见内心恰恰需要慢下来，这是丹溪草通过《人类命运》所表达的思想。人要时刻反思自己的内心，从内心出发去感悟人与自然、与社会的平衡，认知到自身的渺小，才能收获内心的平静，保持精神强大，帮我们渡过一个又一个的难关。不要把人生看得太复杂，享受快乐的生存过程是人生的底线，紧紧地把握住这条底线，人生就会更充实。

　　人类文明发展史，提供了从宏观层面认知自我的视角，倡导人们要放慢节奏，让脚步与灵魂保持同一节拍，更好地尊重自然、感悟自我，共同构建人类命运共同体。

人生遇见老师团

丹溪草

看到《金华日报》复刊 40 年征文，内心深处触动了一下。几次想写，却不知从何起笔，又如何落笔。或许真是羞见老师的忐忑心，担心笨拙的笔捕捉不着内心的文字。

然而，自遇见《金华日报》后的那一幕幕场景、一位位老师，犹如一朵朵浪花，总是不由地闪现，这交情毕竟绵延近 40 年。

频繁给《金华日报》投稿，是在 20 世纪 80 年代中叶，当时大学在读。一个学中文的热血男儿，恰逢文学潮，在那个激情岁月，"创作"之歇斯底里，恐怕是如今通常人难以理解的。尽管邮资自理，我的各种"诗作"还是接二连三地从东海之滨投往"马路里 18 号"，并恭恭敬敬且神圣地在信封写上"洪加祥老师亲启"，仿佛生怕老师一不留神，忽略了"文豪"的诞生。

尽管收到的总是退稿，我却激情依旧，新作不断，直到有一天，收到了仰慕已久却至今未曾谋面的洪老师的一封亲笔信。依稀记得信里说，倘若没有恋爱体会，是写不好"情诗"的，洪老师非常温和地问我是否有过

吴泽昊　9岁　《暗影蛇》

体验。已不记得是怎么回的信，却猛然意识到了诗歌的确是语言艺术的小王子，仅凭激情，缺乏灵悟，实难企及。唯一印成铅字的一首小诗，是刊在武义县文化馆办的一份内部刊物上，还是蒙益于当年台州《括苍》杂志沈湜老师的帮助。

写作也是熟能生巧的。之后有幸在《浙江日报》发表了纪实文学《卖车记》和群言式评论《莫让高级复印机睡大觉》后，也认识到自己的文字能力与方向，至多只在实用。

参加工作后，生活节奏一加快，"文学梦"也逐渐退去。实用文字的功用却显现了出来，各种信息、汇报材料、宣传稿件、理论思考、群言评论、街头趣闻，都成了我的练笔。

当时《金华日报》是八开四版的小报，凡是有内容合适的版面的编辑、记者老师，自然也都成为我的"亲启"老师了，有要闻版的吴海鸥老师，民生版的冯根胜老师，经济版的金建民老师，青年版的马和来老师，周末版的劳剑晨老师，理论版的陈兆斌老师，还有俞平、陈建飞、罗其烈、何成明、应立新等老师。他们对投稿的通讯员既认真又和善，有一次冯根胜老师还专门回信指导稿件的内容和方向。对于编辑老师的来信，我自然是捧在手里读了又读。

后来，我与吴海鸥和马和来两位老师还有幸成为三年同窗。当时比较流行报端开设小言论栏目，我好像还连续六七个年度被评为"积极通讯员"。

当时的各式文字基本上还是与工作结合，围绕着自己工作遇见的思考，像经济时评、企业改革、产业调整、产权流动、市场动态，还有青年问题、希望工程、城市管理、旅游开发等。在这些文字写作的过程中，一方面我改进了自己的工作学习；另一方面和《金华日报》见多识广的老师们互动，我学到了很多较新的思维理念。

处在改革开放的第一个阶段，《金华日报》就是我们获取外部信息、洞察世界变幻的最重要窗口。那个时候我投稿多，关注各种媒体不少，但是像《金华日报》这样办得风生水起、生机盎然又内容丰盈的，实在非常少见。记得有一段时间，省、市级党媒还专门组织来《金华日报》学习。时至最近，我一小辈还告诉我，其20世纪90年代就因为在母亲单位读《金华日报》入迷，从此种下了文学的种子。

那时候，《金华日报》还特别关心和支持我们这些基层通讯员的工作。丰晓原老师采写的《为了14万青少年的梦想》就报道了武义青少年宫历经10多年艰辛的创业过程。武义县城市管理起步和旅游开发初期，街头治理压力很大，旅游开发认识也不一，当时《金华日报》及时刊出一些报道进行配合，导向效果非常好。

记得有一次我去报社，被老师们留下来在食堂吃饭，他们说新闻通讯员是有待遇的。那天吴小钢社长也突然入席，坐主客位的我激动又紧张，云里雾里地吃了个晚餐，吃啥侃啥早已忘至云霄，但是那种宽松、热烈、自由发挥的氛围，始终印在记忆深处。我是在军营长大的，部队教导团往往是最有战斗力的。这么多老师云聚的一个团队，这位豪气、快爽、睿智的社长，不就是这个老师团团长的形象吗？人生得遇见，确是幸运。

10多年后，又有一次在报社食堂用餐，这时的老师团已经由陈东老师当家。陈社长温文尔雅、内敛深邃，虽是不同的行事风格，却同样其乐融融。这时，我与方青云老师、杨准老师、李艳老师还有邵建伟老师都交往已久，李根荣、胡国洪、徐朝晖、王龙玉这些老师作为跑线联络，平日交流也多起来。他们的报道对于推动工作和激励团队都起了非常积极的作用。

无论做什么样的工作，《金华日报》这个老师团，总会有各式各样的老师出现。这些年我学着做点学术，出了本《人类命运》，报社也多有关注，还报道了相关的学术活动。

而今《金华日报》新掌门弄潮，一批批新面孔像许健楠、陈丽媛、叶俊、孙媛媛这些年轻的老师，朝气蓬勃，其认知眼界与思维方式，都不同凡响。

近40年里，我在《金华日报》刊登的各类文字总数应该有好几万字，好像还得过省委宣传部的"好言论"奖项之类；同时，《金华日报》报道我参与相关工作的文字也该有好几万字，也有获悉好评，但是这些具体的内容仿佛都随时间流逝了。

唯有《金华日报》老师团那种不断冲破"认知盆地"、开放拥抱"新生事物"、昂扬进取的价值取向和思维方式依旧在我的脑海深处沉淀着，还有那份以文相识相知的情谊显得日益珍贵。

平平淡淡的日子里大家熟悉了，也习惯了杯水之交，不擅表白，也无须表白。恰逢40周年纪念活动，希望借这篇短文致意老师团的诸多老师，感恩人生遇见。

对人类灵魂与秩序的拷问
——读丹溪草《人类命运》

陈兴兵 [①]

　　一本好书有时候就像一壶好酒，有的像白酒，烈性大冲劲足，一喝就上头；有的像"女儿红"，放得越久越香，无论你喝与不喝，它都在那里慢慢地发酵、酝酿。丹溪草的《人类命运》就是后者。2022 年第一次看完时新冠疫情阴霾还未散去，当 2022 年疫情又一波接一波地袭来时，我再次捧起案头这本书，书中那种"宽慢来，弗着急"的从容依然像人生初见一样地打动着我。

　　这不是一本小说，也不是散文，而是一本关于人类发展文化史研究的书籍。说实话，我平时很少看这类书，只是出于对作者丹溪草的好奇，而勉强自己去读。丹溪草原来是我一位睿智而富有创新意识的领导，他跟你讲话的时候眼睛会发光，牢牢地盯着你，半句话在嘴里，半句话在眼里。他从来没有套话、空话，眼光里全是真诚，嘴巴里偶尔来一句冷幽默，一

---

① 陈兴兵，浙江省兰溪市政协副主席，浙江省金华市作协副主席。

于诺阳 9岁 《大象会飞》

不留神，就错过了笑点，看见人家笑，你也笑，却不知道为什么笑。后来因为丹溪草工作岗位的变动，很少联系了。忽然有一天，我收到了丹溪草的这么一本书，却是意料之外、情理之中。有人是"学而优则仕"，有人是

185

"仕而优则著"，拥有大智慧的人才能写出大智慧的书。

2020 年一场突如其来的新冠疫情打乱了整个人类的文明秩序，百年未有之大变局由此拉开了不可逆流的序幕。丹溪草也就是在这个时候开始重新思考人类命运的变迁与规则，从人类的起源开始探索物种变异的规则，从人类的动物性开始思考欲望与社会发展的关系，从部落文明开始寻找理想的轨迹，从一个蚁群社会的架构拷问人类社会的文明秩序……

这是一本好读的书，处处都闪耀着人性的光芒；这也是一本难读的书，时时拷问人类灵魂与对秩序的坚守。

一、从哪里来，到哪里去

我们从哪里来，到哪里去，这么一个看似简单的问题，却是千古之谜。不知有多少人为此迷茫过，求索过，甚至穷其一生。著名学者梁漱溟说他自己一生只关注两件事，一是中国往哪里去，二是人为什么活着。要搞清楚人为什么活着，必须先搞清楚人从哪里来，到哪里去？我们看过多少文人雅士举杯问明月、问苍天，看过多少帝王将相寻觅长生之丹，看过多少英雄豪杰壮烈赴义……那么，古往今来到底有多少人能不忘初心？有多少人能经得住灵魂的拷问？

本书从几百万年前的动物社会开始探寻人类起源之谜，从蜂类、蚁类的精细分工来揭示人类社会的变迁与规则。作者表示，人性的原生属性与变迁属性总是存在着冲突，一方面在进化，另一方面在退化，甚至在进化的同时也在退化，这是一种客观存在，我们不能熟视无睹。一方面，随着社会与文明的发展，我们不断地征服大自然，进行科技创新；另一方面，我们在创新的同时摒弃了传统，打破了平衡，越过了人类变迁的本来规律与秩序。

看身后，漫漫长路；看前方，茫茫苍宇。从哪来，到哪去，似乎都看不到头。

人类从部落文明到父权文明，到王权文明，再到资本文明，似乎走上了一条文明不归路：一边在努力寻找理想国的秩序文明，另一边不断地陷入资源掠夺、资本比拼的无序竞争之中。很难说 2003 年的非典和 2020 年的新冠疫情不是这种资源掠夺的衍生品，至少是人类与大自然平衡的危机警示。

人类活着到底是为什么？人类到底要往哪里去？哪怕是一个高明的哲学家，也很难说出一个令人信服的答案。作者在书中并不直面这个困惑，而是用一个坐标轴带领读者走出人生困境。大多数人把自己的生命活成了一条直线，由此及彼，缺少厚度与宽度，看似很长，叠在一起，却没有份量。梁漱溟曾经教育他的子女们，人活着要有两种能力：一是横向的社会链接能力，二是纵向的自我成长能力。这是生命抛物线的两条轴线，当纵、横两条轴线同时往前走的时候，人的生命就不是一条直线，而是一个不断扩张的区域面积，不仅仅有长度，更有宽度与厚度。这或许也是这本书封面简图的人生启迪吧！

二、人的欲望有多深

在我刚参加工作时，一位老人对我说过两个年轻人的创业故事，其中一个是富二代，另一个是穷二代。富二代的年轻人因为父母去世后长期吃喝玩乐，欠下许多债，只能变卖家里财产，先是把椅子卖了，过几天把多余的桌子卖了，再过几天把多余的供桌也卖了，卖一样多一样，最后把房子也卖了，只剩一副可以随身携带的身子骨到处流浪。而那个穷二代呢，看着家徒四壁，觉得客人来也没地方坐，先是赚了点小钱买了几把椅子，有了椅子又觉得少桌子，就继续赚钱买了桌子，如此买一样少一样，最后通过自己的努力把家里该有的都赚取了，成了一个富人。

那时候我年轻，"买一样少一样"的创业故事时时激励着我。30 年之后，当我从一个小青年到了知天命的年龄，再来看这个故事的时候，却

颜辰羽　8岁　《蜗牛背上的家》

有了另一种感悟。世间万物一是为了解决生存需求，二是为了满足欲望。很多时候，我们在向大自然索求的时候，不知道是需求还是欲望。"买一样少一样"由最初的生存需求，慢慢地转化为欲望。有个故事说：从前有个

乞丐被一个富人收留，富人每天给他吃香的、喝辣的，这个乞丐居然开始向主人要房、要车、要老婆、要佣人，欲壑难填。总是"少一样"既激发了人类创造的欲望，也打开了人类物欲横流的潘多拉魔盒。人的欲望像一个深渊，看不到底。

在蜂蚁社会里，每个蜂蚁有着严格的分工与规则，上百万年以来一直未变，这种秩序的平衡也一直没被打乱。而人类自从有了部落，等级便开始分化，大自然中弱肉强食的规则逐渐向权利秩序发生转变。从此，战争、暴乱、灾难、疫情等，无时无刻不缠绕着人类前进的脚步。

这是人类一条无法逆行的变迁之路。但它不是一条直线，而是一条曲线。

作者说写这本书的原动力是小时候常听奶奶说的一句话："宽慢来，弗着急。"看来天下奶奶都一样，我小时候奶奶也这么说，那是一代人所坚守的规则与精神。但我一直觉得应该是快慢的"快"："快慢来，弗着急。"它是掌握在快与慢之间的一种人生哲学。不是"快"好，也不是"慢"好，而是要掌握其中的度。宋元理学家金履祥曾提出"寻恰好处，存敬畏心"，似乎与"快慢来"有"理一分殊"之处。世间万物都有一个平衡点，找到这个"恰好处"支点，不多不少，不快不慢，保持对大自然的敬畏之心，这便是保持人类良好发展的最好规则。

三、灭六国者六国也，非秦也

著名哲学家、犬儒主义代表人物第欧根尼一生拥有的最大财富就是一件斗篷、一根手杖。有一天，他躺在一个木桶里晒太阳，亚历山大大帝经过看见他，上前自我介绍道："尊敬的先生，我是亚历山大，有什么需要我做的，尽管开口，我一定会为你兑现。"第欧根尼说："你挡住了我的阳光，请让一让。"亚历山大感慨："我若不是亚历山大，我愿是第欧根尼。"在这里亚历山大象征着权力与金钱，阳光象征着自由与民主，而第欧根尼则象征着人民。作为一国之君，要在心里时时装着人民，保障他们起码的生存权益，不要挡住他们的阳光，给人民以自由与民主，给社会以和谐与文明，这是一个国家需要守住的"道"。

"道可道，非常道。"老子《道德经》的第一句话便讲明了人类命运变迁中暗藏的玄机与规则。人类发展需要遵循其中的"道"，但这个"道"又不是一成不变的，它不可说。家有家规，国有国法，"君君，臣臣，父父，子子"就是各守各的道，不可逾越职权而违"道"。蜂蚁之族万年不变其"道"而延承至今，许多族群却因为改"道"乱"道"，最终迎来了灭族之灾。

唐代诗人杜牧在《阿房宫赋》中曾叹道："灭六国者六国也，非秦也；族秦者秦也，非天下也。"一个国家若不能守"道"，走向灭亡那是迟早的事。1945 年 7 月，民主人士黄炎培前往延安考察，在毛泽东的窑洞里与毛泽东促膝长谈，留下著名的"窑洞对"。黄炎培说："我生六十余年，耳闻的不说，所亲眼见到的，真所谓'其兴也勃焉，其亡也忽焉'，一人，一家，一团体，一地方，乃至一国，都没有能跳出这周期率的支配力。"毛泽东坚定地回答："我们已经找到新路，我们能跳出这周期率。这条新路，就是民主。只有让人民来监督政府，政府才不敢松懈。只有人人起来负责，才不会人亡政息。"共产党人坚持以人民为中心，敢于接受人民监督，敢于自我革命，才有历久弥新、长盛不衰的青春与活力。

作者在书中追问："我们从人类四大早期文明发源地的现状看，为什么只留下了华夏文明？"人类社会阶层化的出现，虽然体现了贫富差距和不均，但也是社会稳定和进步的必然，是社会角色分工和协作的具体表现。

但社会必须通过合理的"规则"进行分层，从"让一部分人先富起来"，到消灭绝对贫困的"小康社会"，再到共建共享的"共同富裕"实践，这是我们共产党人在人类发展历史进程中探索出来的"道"。

在百年未有之大变局的当下，人类又一次站在新的十字路口，作者感慨我们拥有太多，也失去了太多，"我们面对平静沉稳的高山、大河，还有绵长的历史、浩瀚的大自然，人类改变更多的只是人类自己。不论出生何处、财富多少、种族基因、文化背景，人类终究必须面对的是同样的世界，拥抱共同的命运"。作者认为要守护人类文明，构建命运共同体，还必须战胜世界四大危机：一是贫困危机，二是自然环境容量危机，三是人类文明的自毁危机，四是人类综合焦虑的危机。

如果说在此书出版的 2020 年之时，人们对作者的这个预言还缺乏共识的话，那么自 2022 俄乌冲突之后，日本首相遇刺、斯里兰卡国家破产、台海危机等一连串国际事件爆发，以及全球气候的异常变化，足以显现百年未有之大变局的开始。"一切文明毁灭于自我的失控，人类一切努力的过度、过急，都会破坏和伤害大自然及人类自己。"

作者说："人类的目标应该是快乐幸福，工具的地位和管控应该初衷不改。"不忘初心，坚守规则，"好的规则，人人趋之；不好的规矩，人人避之"。只有建立在人类对规律的认识之上的规则，才是走向文明、富强、繁荣所要坚守的"道"。

这是一次愉悦的阅读，是一次感动的阅读，是一次震撼的阅读。愉悦于丹溪草那灵动而不乏机智的文字叙述，感动于丹溪草在百年未有之大变局风口的深度思考，震撼于丹溪草对人类灵魂与秩序的一次赤裸裸拷问。

这样一本好书，值得推荐，值得悦读，值得珍藏。

认识自己——人类的心思

丹溪草

壹

探究世界不仅需要发现人类赖以生存的宏观空间和我们所处的周边环境，也需要静察内心世界和微观空间，并尝试寻求迅捷且优解。

人类的历史的确是喜好探索、不断突破的历程。人们总是在观察、思考周边的各种现象，记录、总结经验学识，探究规律，迄今为止，先哲们通常还喜欢"把世界分为'自然''人文'两大类'"①。然而，这样的概括是不是就已经包罗万象了呢？许多困惑依旧阻碍着人们的思考。

回首人类过往，尤其是近 500 年工业文明以来，人类的生存状态变化巨大。细细思想，又总是感觉缺憾些什么，尤其是诸如"人类到底将走向何方？""生命存在的终极意义是什么？""人类对于地球空间的存在价值在哪里？"普遍却又深邃的问题，人类面临的形势不可谓不严峻。

品读先哲们的一些书籍时，仿佛发现，人们对以往经验学识的归纳分

---

① 钱穆：《中国历史精神》，九州出版社 2012 年版，第 1 页。

类中，恰恰把最重要的元素给忽略了，那就是人类自己。人类确实缺乏对自己的认识，不仅关乎身，更关乎心。

为此，面对林林总总、汗牛充栋的知识宝库，我想应该再分出一个大门类，就是在"自然""人文"两大门类之外。人类对自身内在世界的认识，从而组成相对完善的三大门类知识。这第三大门类是不是可以称为"内心"或者"灵境"？

自然界是指包括人在内的一切多维的物质空间和时间，这个认识反映了人与自然界的关系；人文社会则属于人类种群独享的社会空间和时间，这个认识反映了人与人类社会的关系；而自身内心是指人类个人生理和精神的独自空间和时间，这个认识反映了个体与其内心世界的关系。其实，与自然界和社会的关系认知，首先都基于人们与自身内心关系的认知。当然，人们认识自身内心的局限和障碍比起前两者大许多，而这种缺憾和忽视恰恰容易蒙蔽人类进步的方向。

或许有人把目前关乎人类的部分研究，主要有哲学、人类学、心理学等作为认识自我的重要学科。这些当然都是必不可少的学科，但是，依然不能够说这些学科是解读人类"内心"世界的学科。

这三大门类知识宝库里，都存在着各自独有的规律，而发现、探究这些规律，总结并把握个中的规则就是人类积累智慧的关键。"所谓规则，就是为协调个体、自然、社会之间对内和对外的各种关系。"①这种关系维系了存在的各方，演绎着整个大千世界。

人们通过对自然界各种规律的认知和发现，沉淀下自然法则；人们对同类族群——人类社会的认知和发现，摸索出社会规则；除此之外，还有一些人们对自身内心也潜心探索、认知和感悟，我想暂且称之为自由规则。

---

① 丹溪草：《人类命运：变迁与规则》，知识产权出版社2020年版，第42页。

徐嘉倪 12岁 《小丑的时钟》

正是由于这样一些规则的有机支撑，整个大千世界浩瀚无边际、纷繁无极限，却依旧呈现得井然有序、生机盎然。

贰

基于各种局限，人们对各种表象和实物的研究相对比较丰富，而对内在规律和各种规则的探究显然缺些，甚至认知得比较割裂和浅表，不成体系。诚然，这些规则关系的存在是变化丰富的，也比较难以成体系。我们无时无刻不感受到这些规则的存在，却又难以片言只语地表达这些规则的状态。由人类的感知来认知的这种与自然、与社会、与自身关系的规则存在，我想称之为人类文明。我以为，文明即规则，人类文明的演进就是自然、社会、人类内心三种规则和谐的演进。当然，这个过程中的反反复复和进进退退，不应该也不可能只有一种评价及判断。

就地球及周边为界的大自然而言，自然规则有以下几个。

一是阴阳相生。中国传统对阴阳的认知的确是非常博大高深的智慧，万事万物，莫出其外，为生命灵气之源。

二是因果互动。因果之间的相对确定性，是一个非常巧妙的自然现象，而判断的难以确定，使得因果千变万化。

三是动静相向。在时间和空间里，运动和静止的概念，其实就是人们度量世界的一把标尺。

四是循环轮回。大自然浩瀚博大，看似无限，却也有限，倘若一味无限，则必然无规可循。因此，循环轮回是认知无限自然的逻辑智慧，循环轮回也是局限性和无限性统一规则的另一种存在。

五是物极必反。最为认知的规则，却最不易为人们把握。老子在《道德经》第55章中就讲了"比之赤子"的"含德之厚"和"物壮则老"的道理。

然而，这些规则的存在，都是基于人类的认知。也就是说，脱离开人类的认知，自然界万事万物都是亘古不变的存在。

人类既然存在于大自然，必然离不开大自然的这些规则，大自然也存在于人类中间并且捆束人类。此外，人类社会应该还有自己的一些规则：

一是求生抱团。同类抱团求生就是由社会动物趋利避害的本能所决定的，在群体里从众顺大流、寻合作、守信义，都是求生立足的基本规则。

二是仰强悯弱。从大丛林艰难地走来，人类仰慕强者、怜悯弱小，也成为团队生存力的惯性认知。

三是相亲相嫉。在历史上，人类族群中发生的故事是千奇百怪的，熟悉的同类之间存在的一些关系规则依然是个迷。

当然，社会规则的根本所在仍然还是伦理认知，伦理道德的复杂仍然在于人们对自身认知的缺憾。同样道理，社会规则也是独立于个体认知的固有存在。

相对而言，人类认识自身内心的确非常不易。探索和理解自身，并不仅仅若曾子所指"吾日三省吾身"，曾子恐怕关注的还是修身。而对于自身内心世界的认知程度，实际上还影响甚至决定了人们认识自然界和认识社会的结果。这种认识，远比修身要复杂得多，但肯定有人能够感知，大多数人却未必认同这样的问题。

希腊德尔菲神庙上刻的"认识你自己"，成为著名惊世箴言也就不奇怪了。认识内心平衡的规律，探索内心自由的规则，的确是寻求人生幸福的密钥。

杨　晴　10岁　《动物逃亡》

自古希腊始，西方学界把所有以神为主题展开的学术研究叫作神学，意欲建立人类对神灵信仰如何正确认知的学说。这也成为宗教研究的一个重要领域。

神是谁？他居于何地？我没有读过明确回答这些问题的书籍。那么，人心呢？是不是就是神的化身？西方神学研究回答的许多探索，是否就是对于人心世界的规则难以把握。

难怪像牛顿和爱因斯坦这样伟大的科学家，到了晚年也着迷于对神学的研究了。

叁

欲解人究竟为何物，取决于人为何而来。司马迁在《史记·货殖列传第六十九》中引先人语："天下熙熙，皆为利来；天下攘攘，皆为利往。"追逐名利之争，仿佛揭示了人存在的价值。然《道德经》中老子有云："上善若水，水利万物而不争。"老子把谦下自处、与世无争的"水品"，称为上善，人之至尊。以个人理解，怀不争之"水品"者，无非更念及情意和仁义罢了。元好问的《摸鱼儿·雁丘词》中"直教生死相许"的情与义，也一直有人将其信奉为高于生命。

《论语》中孔子答颜渊："克己复礼为仁。"多数人认为"克己"就是克制、约束自己。我个人理解，"克"是战胜、超越，就是成为更好的自己。如果每个人都做了最好的自己，人类社会将会是什么样子呢？马克思的愿望就是着眼"一切人的自由发展"以构建"自由人联合体"。当然，要实现这样的理想绝不可能是一帆风顺的。

1848 年，马克思在布鲁塞尔举行的克拉科夫起义两周年纪念大会上演讲的开场白就说："历史常有惊人的相似之处。"人类的确非常容易遗忘，中国民间俗语叫"好了伤疤忘了疼"。这可能恰恰就是人类认识自身内心世界的缺憾。

人们在观察研究自然界时，通常使用数学、几何、化学等方法，并且依据这些方法，发明了各式各样的工具，当然各种方法本身也就是工具。苏格拉底曾说："教育是把我们的内心勾引出来的工具和方法。"从物质形态的工具到意识形态的工具，人类进化变迁的历史，实际上也就是工具演变的过程。学会使用工具，使得人类脱离了大多数生物进化的常规路径。

工具的使用完全改变了大自然"弱肉强食"丛林法则的评价规则，使得常态下的"力量竞争"和"智力竞争"，妥妥地外加了"工具竞争"的综合较量。而且，无论在处理与自然界的关系，还是在处理社会关系中，人类的工具都起到了越来越重要的作用，甚至随着工具种类的不断增多，社会分工也越来越细致。发现和发明工具，实际上不仅仅促进了人类社会的极大分工，而且也成为社会阶层快速分化的重要推动力。

人们在悉心观察研究社会关系时，一方面依赖和借鉴与自然界关系的经验，另一方面继承、积累前人所传授，这就使得研究各种经历与既往经验的历史学科成为探究社会关系学识的重要工具。在宝贵的历史教训和经验里，人们同样发现和总结出处理、解决各种社会关系的"工具"。通过生产生活中的习俗、仪式、规矩、文字、谚语等方式，形成人处于社会之中的丰富多元又普遍联系的关系规则。人们同样极大地依赖于这些社会工具。

相比较而言，人们对自身内心的认知和探究就要复杂得多了。以往的历史，仅依赖修行教育和宗教活动等进行研究探索，存在着较大的局限性。随着生命科学和生理、精神等学科的开发，人们对自身的认知和研究稍有进益，然而对这种认知与对话的求索并不普通，人类与自身内心的关系实际上是人类规则中至关重要的内容，是人类文明的核心所在。

马克思、恩格斯多次论及"必然王国"和"自由王国"这两个基本概

徐瑶玲　11岁　《梦想将启航》

念[1]。马克思认为，人类生存活动的目的就在于自身，人的发展成为目的，劳动和其他一切人类活动都是为了实现主体自身的内在需要。实现"自由王国"必然需要每个自然人认知并掌握内心自由的规则。

自由到底应该是遵循规则的结果，还是改变规则的追求呢？自由究竟是一种什么样的状态？内心的主观感受和外在的客观条件存在怎样的关系？

尤其是现代人生活在高频流动性和环境不确定性的叠加影响下，认知和判断的锚就更加无落根基础，甚至会从万物有灵的崇拜中迷失，误走上对工具盲目崇拜的道路。

人类从呱呱落地时的赤子之心，到耄耋之年的沧桑心灵，是有怎样的变化，还是寻见了回归的方向？

肆

有人说，自由即自律。"自由王国"的要义即人人自律。自律必定是自由的，但是自由是不是完全等同于自律呢？答案也不会那么简单。

在人类面前，自然规则应该是只能得到敬畏和尊重；于个体存在而言，社会规则也不能随意改变，这些都应该是铁律。人类对于地球空间缺乏理性和自

---

① 马克思、恩格斯著，中共中央马克思恩格斯列宁斯大林著作编译局编译：《马克思恩格斯选集 第3卷》人民出版社1995年版，第633—634页。

律的行为已经引起越来越多的人的反思，同时作为群体行为的组成，似乎没有一个个体能够改变人人可以感知的未来的种种危机。就群体状态而言，人类仿佛明白自己活在焦虑和恐慌中，却依旧茫然无知、束手无策、无可奈何或者说无能为力。

而人类个体对于自身内心的反观，与其说缺少有效的方法和工具，不如说人们极其容易为自己创造的各种工具所捆绑，从而一味地依赖工具，心甘情愿地成为许许多多工具的奴隶，甚至终究迷失自己，这难道是由我们无限的惰性决定的吗？人类所谓文明的历史，也就成为一些人发明工具、众多人追逐着依赖工具的历史了吗？那么，难以自律，失去自由注定成为必然。

尽管如此，人类总还是需要努力探寻的。"人同畜生的分别，就在这个'为什么'上。"①胡适先生的话解释了思考和探究是人类的特殊标识。

胡适先生也曾说："争你们个人的自由，便是为国家争自由！争你们自己的人格，便是为国家争人格！自由平等的国家不是一群奴才建造得起来的！"②这话本身固然没有大问题，然而，自由和人格的标准如何把握，全然在于每个人的自主判断与权衡，这就又需要从对自身的认知来理解。

作为自然界的一员、人类社会的一员，自由和人格问题首先不可能脱离这两个大环境。因此，人们对于自身的理解和领悟，必然也是受约束于自然规则和社会规则的，以致一贯倡导自由的胡适先生晚年也发出"年纪越大，越觉得容忍比自由更重要"③的感慨。

宽容与平和属于人之本性么？对于此类问题，我常常在思考，不论选

---

① 胡适：《容忍与自由》，同心出版社 2012 年版，第 23 页。
② 胡适：《容忍与自由》，同心出版社 2012 年版，第 24 页。
③ 胡适：《容忍与自由》，同心出版社 2012 年版，第 114 页。

择"争自由""争人格"，还是选择"容忍"，这种努力的诉求对象都应为内在的自身，而不是外物或者外部环境。钱中文先生也曾说过：作为一个人，应该在存在中找到自身。如果在与自身内心的关系中增进认知与对话交流，找到自我，实现自律，达成包容，求得自由，那么人生夫复何求？

叶梓良　9 岁　《哥斯拉变异》

"一个科学家最重要的贡献通常并不是提出一个新理论，或是揭示一个新现象，而是于旧理论和旧现象中发现观察的新方法。"[①] 综观人类历史，梳理人类的浩瀚学识，基于现实和历史的观察、思考、感悟，采取各种差异的角度、方法，以及丰富工具的应用，都是研究的良好途径。

可以说，无论个体还是人类，一切能力都归结于自我省察的能力。因此，比较"自然""人文"这两大门类，扎实做好人类自身内心省察方式的研究，尤显紧要。个人与人类一样，只有致力于自身内在平和，向内寻求平和与提升，才有可能化腐朽为神奇，化危机为平安、快乐，走出困惑。

① 理查德·道金斯著，卢允中等译：《自私的基因》，中信出版社2018年版，第26页。

《人类命运》读后感悟

李志坚[①]

　　翻阅微信群，得知出了一本新书，书名叫作《人类命运》。一看作者是丹溪草，竟是熟人。丹溪、熟溪、尼洋河、拉萨河、瓯江、兰江、婺江都有他生活过的足迹。而在熟溪河畔，兰江边上我们曾有过交集，同操武义乡音，一起漫步在兰溪的三江六岸。15 年前，为了发展超市业务，我到了那里。他当时是兰溪市领导，遇到难题，也有相问，曾得赐教。有缘于此，今大作问世，当先睹为快。

　　人类社会的变迁发展是个如此宏大的题目，如何看待历史，就会如何评价今天，就会如何迈向未来。我自己的社会历史知识及世界观大多形成于 20 世纪 80 年代，后虽有增进，并不系统。书中介绍的内容分列为社会动物、部落文明、父权文明、王权文明、资本文明、理想追梦六大部分，对人类的发展史进行系统的研究与阐述，很多观点令人耳目一新。

　　从社会动物起笔是为了观察研究动物的生存方式，以此理解人类，探

---

① 李志坚，浙江省武义县作家协会会员，长期从事企业经营。

索两者的异同。

地球上现存 100 多个与世隔绝的原始部落，其众多闻所未闻的生活状态、奇风异俗，既有趣，又让人自然联想并领会到我们先祖曾经的生活历程。

作者认为，父系社会替代母系社会的重要原因，是母系氏族的人口繁衍速度远远不及父系氏族的发展速度，母系文明在部落兼并斗争中失去胜出的人口基础。剩余产品的出现，把财产与管理权传给亲生子女是私有制及家庭产生的原因，而对自己孩子的确认性，形成父权文明。这些观点既让人诧异又让人深觉合理。

书中介绍，周武王之治——在政权机构实行分封制，在社会阶层内部施行宗法制，在经济生产中采用井田制，在社会秩序中推行礼乐制，成为华夏文明最重要、最基础的社会治理机制。寥寥数语，却入木三分，道出数千年中华文明史的核心理念。

威尼斯是资本文明的摇篮，近千年的威尼斯发展史显示了商业对社会的巨大推动作用。东西方文明几乎在同一个时间点步入大航海时代。郑和船队的规模与技术都要领先于西方，因管理运作机制不同，其最后结果却是中国闭关锁国，从此落后于时代。而西方称霸于世界，建立了"日不落"帝国。"可见竞争规则的实际应用，的确是资本文明的重要成果，再强大的国力和先进技术在富有活力的竞争规则面前，还是缺乏比拼基础。"作者的结论，让人醍醐灌顶！

在世界文明发展史上，东、西方几乎同时发生的两件重大事件，让人疑惑不解。一是公元前 221 年，秦朝统一六国，建立中华帝国，春秋战国百家争鸣、百花齐放、群英辈出的时代被终结。二是公元前 27 年，古罗马共和国被罗马帝国取代，古希腊雅典点燃的民主共和文明被扑灭。对此书中也有论述，认为各有利弊，难求两全，适应就好。我想几千年来，人类一直在探索社会安稳和个人自由之间的平衡，放眼世界，应该说已经取得了丰硕的成果。

书中介绍，中国先秦时就提出了理想社会是"大道之行也，天下为公，选贤与能，讲信修睦。故人不独亲其亲，不独子其子，使老有所终，壮有所用，幼有所长，矜、寡、孤、独、废疾者皆有所养，男有分，女有归。货恶其弃于地也，不必藏于己；力恶其不出于身也，不必为己。是故谋闭而不兴，盗窃乱贼而不作，故外户而不闭，是谓大同"。具体而言，社会制度形态上，"天下为公"；管理体制上，"选贤与能"；社会关系上，"讲信修睦"；劳动保障上，"所终、所用、所长、所养"；社会风尚上，"不兴、不作、不闭"；等等。

也许是经历不同，观点有异。作者似乎对从商鞅变法开始的重农抑商政策赞赏有加，视资本为洪水猛兽。我自己一直从事商业工作，觉得商品交换是双方互利自愿的行为，商业竞争能促进技术的进步，商业行为是推动社会进步的重要力量。2000多年的"重农抑商"政策是造成中国经济、科学技术落后的重要原因之一。资本需要在权力制定的规则内运行，资本的负面作用与权力的泛滥造成的伤害相比，是小巫见大巫。

今天，人类站在新十字路口，作者认为有四大敌人需应对好，才能守护人类文明：一是贫困危机，二是自然环境容量危机，三是人类文明的自毁危机，四是人类综合焦虑危机。人类只有认识到自己的渺小，道法自然，这个世界才会更美好，解决的办法是"宽慢来，弗着急"。

芸芸众生，为了生活，都在忙忙碌碌、东奔西走。可总有些人在仰望星空，回顾过去，审视今天，展望未来，探索让人类、让族群之路走得更加平直。

感慨于作者的立意高远，治学严谨。

畏危者安，畏亡者存

徐曼淇[①]

　　这本书的腰封上印着一行充满乡土气息却令人倍感温暖的文字。和母亲缓缓打开这本书，作者亲笔写下的"雅正"两个字映入眼帘。只见序中作者所言：阅读这本书，宽慢来，弗着急。

　　我们从第一章——社会动物中认识到自己的渺小。一个社会动物的群体总是那么庞大复杂，人类也是如此。小到蚂蚁、蜜蜂的社会，它们的规则甚至比人类的更为森严苛刻。最早的社会没有所谓的法律和制度，那时的人们真正达到随心所欲的境界，但等达到了极致，便成了放纵与肆无忌惮，体现了社会动物对规则的认知缺失，最早的规则就如同一个蜂群中只有蜂后具备生殖能力一般。作为情感复杂与思想高级的人类，我们需要在一次次的斗争与矛盾中修改规则。经过漫长的演变，规则如今已被完善过无数次，而我们也因此生活在幸福安逸之中。

　　从技术层面来讲，人类进化的过程无比宏大。从灵长类动物一步一步

---

① 作此文时，徐曼淇年仅 16 岁，金华丽泽书院初二学生。

走过来，我们构建文化、创建音乐，用数百种不同的语言交流，回头望望真是令人难以置信。作者在书中构造出了"忧患因子"这一新名词，它是促使人们强烈自我超越的内在物质，也是在长途大迁徙中安全感缺失的紧张状态诱发的基因突变产物。而在我看来，若讲得通俗一些，便是"居安思危"。

人类之所以能够与普通动物拉开差异，就是因为人类有更加强烈的忧患意识。有强烈的危机感，才能够超越自我，这一点即使成为地球的主人，还是没有改变。我们想要超越自我，就应具备突破的勇气。作者认为，远古人类是为了适应环境和在对环境的观察中，在漫长的演进过程中生成了忧患因子。而今天已与他们相隔几百万年的我们，已经容易适应甚至征服环境，便会没有忧虑吗？以美国海洋生物学家蕾切尔·卡森所著的《寂静的春天》为例，答案必然是不会。在这本书中，人们用化学药剂制服自然，企图凌驾于大地之上，可也终究因环境污染自食其果。那时，大部分人或许只沉浸在没有农业天敌的愉悦之中，只有少数像卡森一样的人关注到了农药的危害。这也恰恰有力地证明了不思危，必不可安居长久。

生于忧患，死于安乐。先天下之忧而忧，后天下之乐而乐。所谓忧患因子，是在历代人类思想中悄悄衍生发展出来的。一个人要有忧患意识，居安思危，一个国家亦是如此。1978 年，党中央立足当下，谋划长远，忧患未来，制定"改革开放"的政策，才有了 40 多年后的辉煌成果。在世界环保战役开始之前，秉持"人无远虑，必有近忧"的理念，我国早已开始忧虑环境问题，早已展开措施来弥补过去的错误。当然，忧患意识不是让我们像杞人一样整天忧心忡忡。静言思之，它是一种对未来充满敬畏的意识，我们需要在宁静的环境下思考来自未来的忧。

畏危者安，畏亡者存。只图及时行乐，没有忧患意识，迎面而来的只有淘汰和毁灭。

附：

徐曼淇学友好！

昨天一早，你爸爸把你写的关于拙作《人类命运》读后的体会发给了我。感谢之余，也感慨于如今少年博学，文章视野开阔，提出的问题很有见解。

关于置身"高度"的问题，我想指向的是"认知和思维高度"。任何一个事物或现象存在都有多面性，不同的"认知和思维"会有不同的结果。比如说，刚开始当你父亲说你在读《人类命运》这本书时，我还认为这本书不太适合初中生阅读；但你的母亲就说，对于孩子读什么书的问题，该放手让小孩自己去选择，多接触、早接触各种读物没有坏处。她就这个问题的观点，对我很有教益，可见你母亲的"认知和思维"就明显比我站得高。

通常说"读万卷书，行万里路"，积累阅历会增进"认知和思维"的高度，因为读书和经历会打破个人的局限，让我们的思考长出自由飞翔的翅膀。我知道你从小生活在书的海洋，是不是也有这样的体会呢？

"认知和思维"的高度还取决于我们觉醒的深刻程度，人类历史上各种惊人相似的挫折，是不是就像我们个人会重复犯的错误呢？都说"吃一堑，长一智"，人类经历过那么多灾难，却仍旧不能保证不犯同类的错误。这是否也很耐人深思呢？忧患因子尽管已经深植于人类的神经和血液，但生命旅程中各种不确定的遭遇，依然会让人们难以应对，"居安思危"的认知也常常为许多人所遗忘。这些也都是我的困惑！有探索就会有困惑，有困惑才更值得我们去挑战。

谢谢你的来信，能与年轻人一同成长，也是我的一个追求！

致敬

希望是你的大朋友　丹溪草

2022 年 3 月 19 日

青春是一场双向奔赴[①]

范 川

作为成长在信息时代的"80后"生人，我很少写信。为数不多的几封书信，都是写于学生时期。曾在暗恋的女同学课桌里塞过表白信，也曾和QQ上认识的网友有过短暂的书信往来，但具体写了些什么，早已忘得一干二净。

还好忘了。那些青春的悸动和年少的心事，一旦重拾，就似日光下的春梦初醒，一丝不挂，依旧叫人慌张不已。

前几日，"宽慢来，弗着急"的丹溪草老师，惠赠了其新书《青葱季的90封书信》。和前著《人类命运》反思人类发展历史的宏大叙述不同，该书定格于青春，汇编了20世纪80年代两位男女大学生的"两地书"，男主人公烨在泉州，女主人公婧在福州，一年半载鸿雁传书。原以为书信的受众是特定且唯一的，有着强烈的私域属性，多少难以感同身受，但翻开这些一来一往的信，所有的心动和崩溃，都为这穿梭时空的信笺敞开。

---

① 原文刊发于《联谊报》2022年5月10日第4版。

书信之美，一笔一画，都是心意。王小波写给李银河的信，开头直呼"你好哇，李银河"，简单朴素的问候，撩得人心里痒痒的，再顽固不凡的男人遇到爱情也会像个幸福的傻瓜，两人的书信集叫《爱你就像爱生命》，肉麻又真切。

许广平给鲁迅写信，鲁迅一开始回信还落款"鲁迅"，三个月后就只落一个"迅"字，后来就干脆"你的小白象"了，可见许广平仅用三个月就把鲁迅给搞定了。称谓的变化，代表着感情进程的变化。烨与婧之间也一样，从最初的互道姓名，到后来的一个字，或者在前面加上"你的"，最终又回到了姓名，细微的心绪波澜毫无保留地跃然纸上。

烨与婧的书信，写的是每个人的青春，那些久藏一隅的怦然心动的岁月。

我们和异性之间的交往，总是一个从谨慎、敏感、试探、反复无常到卸下负担、放松甚至放肆的过程，仿佛你轻轻一触碰，对方就会有强大的回应。

双方会为了一点矛盾或误解而反复说"对不起""请原谅"。婧久未等到烨来信的时候，娇嗔地回了六个字"为什么不回信"，一页信纸一个字。都说男人在女人面前不要太讲道理，烨却恨不得一封信通篇都在论述观点，这也给最后的矛盾升级、通信中断埋下了隐患。可"爱讲道理"这种事，又有几个男生没有干过呢？

透过私人对话，截面之下更是一个真实可感、激荡澎湃的时代。双方聊的多是学业、书籍、舞会、同学友情、毕业分配……喋喋不休、打情骂俏，又常常闪烁着思辨之光——由尼采、叔本华带来的"哲学热"、李泽厚的"美学热"、女孩子爱追的言情文学"琼瑶热"，热得年轻人"大汗淋漓"，伴随着新思潮、改革潮、家国梦的交织和碰撞。

恰如作者所言，信件虽呈现的是两个学生的对话，但主要是纪念 20 世纪 80 年代改革开放的青葱季节，因为那是中国复兴之路的初春时节。

在通信不便的年代，鸿雁传书的两端，维系着"所爱隔山河，山河皆可平"的力量和期待。

哪怕是分手，书信年代也处处透着浪漫气息，信件可以留着以表纪念，可以彼此寄还以告清欠，还可以烧掉以示决裂。

烨与婧，该到退休年龄了吧，过去的种种情思和异见早已和解，如今翻出旧信出版结集，给人生的某个阶段落下永恒的注脚。现在呢，一切只需一个删除键，删除了你，还会有另一个他。难怪有人说，网络时代人类的愿望之一就是写纸情书，不知道牺牲了多少个徐志摩。

虽然文字足够古老，但文字也足够有力量。我有一个朋友，每年坚持在女儿生日当天写一封信，把父亲身份姿态放低，坦言自己的困惑及其对女儿的期许、祝福，字里行间流淌爱意，这种对话是口语和网络信息所无法比拟的。几年前，还有一位领导朋友在儿子 18 岁生日那天准备了一封信，稍以网络传播语言编辑了下，冠以"一位局长暖爸写给孩子成人礼的信"，收获"10 万+"点击量，这种厚重的情感表达仍是网络社会共鸣的稀缺品。

书信有结尾，青春有散场。从开始"数着日子等信，等得心发抖"，到渐行渐远渐无书，可惜岁月都没有对烨和婧温柔一点，青春大抵都要留点遗憾之美。

愿有心人依旧在亲笔，放慢脚步，拉长篇幅，如书信完成一趟又一趟的双向奔赴。

只此青绿惹人念[①]

吴警兵

今年春晚的舞蹈诗剧《只此青绿》，让北宋画家王希孟和他 18 岁时所作的《千里江山图》一夜间成了"网红"。时隔 900 余年，这种青春的色彩依然光彩夺目。

青绿，是一种能植入心底、焕发生机的色彩，是一种能"春风吹又生"的色彩。读丹溪草的《青葱季的 90 封书信》也是这样的感受：青得朦胧，绿得生机盎然。

2017 年 6 月，丹溪草联系我说有本书稿想出版，让我先给看一看是否有出版的价值。没过几天，我就收到了厚厚一叠书稿，名字叫《认识你自己》。我用六天时间一口气读完这部书稿，自己仿佛重回了一趟青年时代，沉浸在青葱季的氤氲里久久不能自拔。

《认识你自己》是《青葱季的 90 封书信》的初稿，主要内容是两位大学生在异地间的鸿雁传书。这里的每一封信、每一行文字都萌动着青春

---

① 原文刊发于《浙江日报》2022 年 3 月 4 日第 9 版。

气息。

　　奥尔加·托卡尔丘克在《太古和其他时间》中说："人年轻的时候，忙于焕发自己的青春，忙于自身的发展，锐不可当地向前，不断地扩大生活

朱柯羽　10岁　《地球是个问号》

的边界。"20 世纪 80 年代的中国，可以说是朝气蓬勃。主人公烨和婧，正是这个时期的青年代表，青年们的所思所想、所爱所为，都在他俩身上得到集中展现。细细读来，他们所经历的那些内心争斗、思想波澜和激情故事，让我们仿佛看到了那个青年时代的自己。

我是 1987 届的高中毕业生，那时，同学之间互通信息的唯一办法就是书信。记得高中毕业后，我回到高姥山脚下的村子里干农活，每天与庄稼为伴，与远山对视，与蓝天白云交谈，这种明月清风的日子，似是悠闲实是孤寂。只有远方的来信，才像一道光，能劈出这无聊生活的一条缝隙，让我感受到山那边的信息。因此，从邮递员手中接过远方的来信，成了我那段日子最温暖的时刻，那个午后庄稼地边的树阴下，就会有美好的气息在无限地扩展。就像书里写的，就连收到一张明信片，也能让自己兴奋好几天，好像外面的世界与自己建立起了一条隐秘的通道。

烨和婧的书信故事是在上了大学之后展开的，由于远离家乡、城际相隔和环境变化，他们生活的边界也在不断扩大，加上新知识、新观念的触发，理想与现实的碰撞在所难免，并会适时地牵动感情的红线——有时绷得紧紧的，或打上个结；有时又会让它松懈下来，歇口气，从而找到了一个新的平衡点。

我相信，青春的气息都是相通的。当然，在《青葱季的 90 封书信》中，男女主人公除了表达朦胧的两地相思，更多的是对学业、对人生、对未来的追寻和思考，还伴随着一些迷茫、困惑和矛盾冲突。这些青葱季的元素和节奏都集中在烨和婧的身上，毫无保留地过了一遍，让我们似曾相识，且可以从容地置换进去，回到那段追梦的金色岁月，享受其中的自由与静好。

我用一天，读完了这 90 封信[①]

徐贤飞

　　丹溪草先生又出新书了。与《人类命运》的宏大相比，这本《青葱季的 90 封书信》显得那么"渺小"——它只是 18 岁女孩和 20 岁男孩的对话。也正因为"渺小"，它弹唱出的青春之歌，格外真实、动人。

　　故事始于 1986 年 9 月 7 日，男孩烨给刚上大学的女孩婧，寄来了第一张明信片："祝贺你。在人生的登高运动中，你又站在了一个新的起点。"故事终于 1987 年 4 月 24 日，婧在最后一封信上写道："好在我们都还年轻，让我先静静，独自一个人好好地傻想吧。"

　　婧与烨是福建建瓯同乡，父母相识。婧是个勇敢、坚定又有点疯狂的女孩；烨是一个爱读尼采、叔本华，有着浓郁哲思的男孩。正如马惠娣老师在序言里所写："这段情侣的'恋情'必定会在某时'终止'。"我也猜着，这样两个截然不同的人，应该是走不到一块的。

　　可能是读了太多哲学书的缘故，烨的人生观是出世的、悲观的。他

---

① 原文发表于搜狐网，2022-05-30。

会说："人活着确实没什么意思，我曾经至少有十次想到过死，可我们这样的人是不可能有那种创举的！"他会说："比起做人，还是做畜生好。自由自在，不受一切莫名其妙、道貌岸然的假道学束缚，不用为名利而拼命，不用烦恼，不用苦痛。"他还会说："生活就是悲剧，悲剧就是生活。"

婧与烨不同，她有着强烈的入世意愿。18岁的她直言："我现在的奋斗、努力就是为了适应社会，为了……说出来不太好听，'为了出人头地'。"还有着属于自己的、生机勃勃的宣言："我可不想当什么武则天、居里夫人，也不想当有'无可比拟力量'的人，我就要当我自己！"又如尼采笔下的强人："我这个人很会从讨厌的东西中，竭力地抽出能使我感兴趣的东西来。"

清明时节，我只用了一天，就读完了《青葱季的90封书信》。作为20世纪80年代的小学生，时隔30多年，再读20世纪80年代大学生的书信，我居然生出"生不逢时"之感。如果我也是20世纪80年代的大学生，或许我会与婧一般疯狂，也会如烨一般三句不离尼采、叔本华。

因此，读到最后，我的眼里已经没有这两个年轻人，而只有那个时代。两个年轻人就是那个时代的两面：一面是一切都有可能的、生机勃发的现世生活；另一面是精神世界打破了单一色调后，在哲学、美学的国度遨游时，呈现出多姿多彩的灵性。

人总归是要死的。这趟"旅行"的不可复制、不可重复，会让人生出几分慎重来。而青春的魅力，就在于彼时我们还认为人生很长，所以我们不会慎重，任意挥霍，会注重"旅行"体验而非结果。

一个时代有一个时代的青春和爱情。在那个思潮澎湃、百家争鸣的时代，人生这趟"旅行"更有几分玫瑰色的梦幻——正如烨与婧情浓之时，总会在信的末尾写道："今晚月下见。"

那么，我们也今晚月下见。